10
18

12, AVENUE D'ITALIE. PARIS XIIIe

Sur l'auteur

Thomas Lanier, dit Tennessee Williams, est né en 1911 dans le Mississippi. Le théâtre de son enfance a pour cadre la ville de Saint-Louis et un univers familial déchiré et violent, que Tennessee Williams s'appliquera à mettre en scène à travers son œuvre théâtrale et romanesque. Il s'impose en 1945 avec *La Ménagerie de verre,* et triomphe deux ans plus tard avec *Un tramway nommé désir* mis en scène par Elia Kazan. Tennessee Williams reçoit le prix Pulitzer pour cette œuvre, ainsi que, quelques années plus tard pour *La Chatte sur un toit brûlant.* Les très nombreuses adaptations cinématographiques de ses écrits ont contribué à faire de lui une star, tant grâce à l'excellence des réalisateurs – Richard Brooks, Joseph Mankiewicz, John Huston ou Joseph Losey –, qu'à de prestigieux interprètes – Marlon Brando, Vivien Leigh, Elizabeth Taylor, Paul Newman ou Ava Gardner. Également poète et romancier, avec notamment *Le Printemps romain de Mrs. Stones*, Tennessee Williams est mort à New York en 1983.

TENNESSEE WILLIAMS

LA CHATTE SUR UN TOIT BRÛLANT

suivi de

LA DESCENTE D'ORPHÉE

(Théâtre 2)

Textes adaptés
par André OBEY
et Raymond ROULEAU

10
18

« Domaine étranger »

dirigé par Jean-Claude Zylberstein

ROBERT LAFFONT

Du même auteur
aux Éditions 10/18

Titres originaux :
Cat on a Hot Tin Roof
Orpheus descending

ISBN 2-264-03666-4

LA CHATTE SUR UN TOIT BRÛLANT

(CAT ON A HOT TIN ROOF)

PIÈCE EN TROIS ACTES

Version française d'André Obey

PERSONNAGES

GRAND-PÈRE POLLITT
GRAND-MÈRE POLLITT
GOOPER, leur fils aîné.
BRICK, leur fils cadet.
MARGARET, femme de Brick.
EDITH, femme de Gooper.
BUSTER
SONNY
TRIXIE
DIXIE
} enfants de Gooper et Edith.
RÉVÉREND TOOKER
DOCTEUR BAUGH
SOOKEY et LACEY, domestiques noirs.
Des ouvriers de la plantation.

ACTE I

(L'action se passe de nos jours, dans la maison d'un planteur du Delta du Mississippi, et débute au crépuscule d'un soir d'été.

Le décor représente une chambre à coucher-salon donnant sur la véranda qui entoure la maison.

La chambre est légèrement en pente, inclinée vers la salle. Elle est prolongée au premier plan droite et à l'arrière-plan par la véranda qui est légèrement en contrebas.

La partie de la véranda que l'on voit à l'arrière-plan comporte cinq colonnes cannelées à travers lesquelles on voit un ciel crépusculaire.

Au premier plan gauche, la porte de la salle de bains est ouverte. C'est une porte à claire-voie.

Trois portes, fictives, donnent, la première, au centre-gauche, par une plate-forme de plain-pied avec la chambre, sur un couloir ; la deuxième, à l'arrière-plan, sur la véranda ; la troisième, premier plan droite, sur la véranda premier plan.

Dans la chambre, fond droite, un lit dont la tête s'orne d'une gigantesque corne d'abondance en rotin.

A gauche du lit, une table de chevet en rotin.

Au fond de la chambre, à gauche, un énorme bar moderne et, formant bloc avec celui-ci, un poste combiné radio-télévision. Ce bar est surnommé « Source-Écho », du nom d'une marque de whisky du Sud.

Au premier plan, à droite, un divan très simple, avec

un oreiller blanc et une couverture grise soigneusement pliée.

A la tête du lit, un seul oreiller.

Au milieu de la chambre, un petit canapé en rotin où deux personnes pourraient tenir en se serrant.

Un tapis à fleurs recouvre le plancher.

Au lever du rideau, la scène est vide.

On entend, en coulisse, un chœur d'enfants et d'adultes qui chante une vieille et gaie chanson du Sud : Boum-Boum.

A la fin du deuxième couplet, on voit Lacey, un serviteur noir, traverser lentement la pelouse que l'on aperçoit au fond, derrière la véranda. Il va de droite à gauche en chantonnant l'air de Boum-Boum. *Il s'arrête net en entendant la voix de Sookey, la femme de chambre noire.)*

VOIX DE SOOKEY

Lacey ! Lacey !

LACEY

Oui, j'arrive !

SOOKEY, *va rapidement au-devant de Lacey.*

Eh ! Lacey !

LACEY

Voilà, voilà ! J'arrive !

SOOKEY

Dépêche-toi, mon garçon, ils attendent cette bibine !

(Sookey prend les bouteilles et disparaît en courant : Lacey la suit lentement.

Un cri, puis des bruits de voix où domine une voix de jeune femme en colère interrompent la chanson, qui reprend presque aussitôt.

Entre dans la chambre, par le couloir, Margaret, dans une robe de dentelle blanche.

Elle descend vers la droite en examinant sa jupe et vient se regarder dans un miroir. Il fait trop sombre et elle remonte ouvrir les portes (imaginaires) de la véranda. La lumière monte. Margaret revient au miroir et examine sa robe.)

MARGARET, *se regardant dans la glace.*

Ça y est ! Elle est perdue ! *(Par-dessus son épaule, vers la salle de bains.)* Brick, ma robe est perdue. Un de ces monstres sans cou a jeté dessus une galette chaude, pleine de beurre.

BRICK, *de la salle de bains, criant.*

Qu'est-ce que tu dis ? J'entends rien.

MARGARET

Je dis qu'un de ces monstres sans cou vient de gâcher ma robe de dentelle. Il faut que je me change.

(Elle enlève sa robe.)

BRICK, *sort de la salle de bains et va au bar.*

Pourquoi monstres sans cou ?

(Brick est enveloppé dans un peignoir de bain et il a le pied droit dans un plâtre. Il s'appuie sur une béquille.)

MARGARET

Parce que les gosses Gooper n'en ont pas.

BRICK, *buvant.*

Ils n'ont pas de cou ?

MARGARET

Pas l'ombre. *(Brick retourne à la salle de bains, son verre à la main.)* Leurs grosses petites têtes s'enfoncent jusqu'au menton dans leurs gros petits corps.

BRICK, *de la salle de bains.*

Pas de chance.

MARGARET

Tu peux le dire. Impossible de leur tordre le cou : ils n'en ont pas. *(Sonny, Buster et Dixie traversent la pelouse en courant et se battant. Edith paraît à gauche et les appelle, aidée de Gooper. Tous rentrent en coulisse.)* Écoute-les hurler ! *(Elle va vers le lit.)* Où donc ces monstres sans cou logent-ils leurs cordes vocales ? Je te jure qu'au dîner j'étais si excédée, ah ! si exaspérée, que j'ai failli me mettre à hurler, moi aussi, à hurler comme une folle. On m'aurait entendue de New York à San Francisco ! *(Elle se laisse tomber sur le lit.)* « Ma chérie, ai-je dit à ta charmante belle-sœur, pourquoi ne pas faire manger tes adorables gosses à une table à part, sur une bonne toile cirée ? Regarde ce gâchis qu'ils font sur la nappe de dentelle ! » *(Elle se redresse.)* « Tu es folle, elle m'a dit. Le jour anniversaire de la naissance de Grand-père ? Il ne me le pardonnerait jamais ! » *(Elle se jette sur le ventre.)* Or, Père n'était pas à table depuis deux minutes, avec ces gosses qui s'empiffraient, qu'il a jeté sa fourchette : « Pour l'amour de Dieu, Gooper, qu'on m'expédie ces cochons-là à la cuisine, et qu'on leur donne une auge ! » J'ai cru mourir de joie, d'intarissable joie !...

(Brick reparaît, une béquille sous le bras droit, une serviette autour du cou. Au pied gauche une pantoufle. Il va au bar remplir son verre.)

MARGARET, *regarde Brick.*

Dire qu'ils en ont cinq et un sixième en route. Et ils vous les exhibent comme des animaux de cirque : « Chéri, montre tes fossettes à Grand-père, mon trésor... Junior, montre à Grand-père comme tu fais ci, montre à Grand-père comme tu fais ça. Récite ta fable à Grand-père, fais voir à Grand-père comme tu sais te tenir sur la tête. » Un vrai feu d'artifice !... Sans oublier, bien sûr, quelques fines allusions au couple sans enfant, stérile donc inutile, que nous faisons, toi et moi. *(Ils échangent un bref regard.)* Amusant, n'est-ce pas ? Un manège enfantin.

(On entend, en coulisse fond gauche, la voix de Grand-père qui raconte une de ses fameuses histoires : « Jésus ! On dirait un couple d'éléphants en chaleur. » Un éclat de rire salue la phrase. Brouhaha.)

BRICK

Quel manège, Maggie ?

MARGARET

Je vais te le dire, mon petit gars ! *(Brick s'appuie contre le bar et se sèche les cheveux avec la serviette. Elle s'assoit.)* Ils travaillent à te souffler ta part d'héritage. Et il faut qu'ils fassent vite, maintenant qu'on est certain que Père a un cancer.

(En coulisse, la voix de Grand-père qui débite une autre de ses plaisanteries, accueillie avec chaleur.)

MARGARET, *se lève, et va baisser un des stores.*

Il fait trop clair ici.

BRICK

Tu es sûre ?

MARGARET

Sûre de quoi ?

BRICK

Que Père a un cancer.

MARGARET

On a eu l'analyse ce soir.

BRICK

Oh !

MARGARET

Oui, le docteur vient de l'apporter. Et je dois t'avouer que ça ne m'a pas surprise. Dès notre arrivée au printemps dernier, j'ai vu de quoi il retournait et je suis prête à parier que ton frère et son épouse ont vu ça eux aussi. Et alors tout s'explique : leurs vacances chambardées, adieu à la fraîcheur annuelle des montagnes et grand débarquement dans le port familial avec toute la tribu.

Et ça explique aussi ces bordées d'allusions à cette charmante maison, tu sais, si calme, si reposante, qui a un si joli nom : *La Colline de l'Espoir.* C'est là qu'on soigne les alcooliques et les drogués du cinéma.

BRICK, *descend vers la droite.*

Je ne suis pas dans le cinéma.

MARGARET

Non, et tu ne te drogues pas. Mais à part ça, tu es le client rêvé pour *la Colline de l'Espoir.* Ils t'y expédieront, mon petit gars, tu verras ! Seulement pour ça il faudra qu'ils me passent sur le corps. Oui, j'aimerais mieux crever que de te voir enfermé dans cette sale boîte !

(Brick va jusqu'à la marche qui mène à la véranda et regarde dehors. Margaret le rejoint.)

MARGARET

Mais pour eux, quelle aubaine ! Ton père mort, toi bouclé, ton cher frère rafle tout : pouvoir, procuration, signature des chèques, à lui les cordons de la bourse !... Sauf à laisser tomber, bien sûr, de loin en loin, quelques miettes dorées dans notre main mendiante... Ça te plairait, mon amour ? *(Un petit temps.)* Eh bien, tu fais tout ce que tu peux pour qu'on en arrive là. En te refusant à toute besogne sauf celle de boire, tu joues leur jeu. Tu n'es plus qu'un scandale vivant, Brick. Tiens, hier soir encore, sur le coup d'une heure du matin, il faut que tu te mettes en tête de sauter les obstacles du stade du collège ! Résultat : tu te casses la cheville ! Et la presse s'esclaffe. Je te ferai lire l'entrefilet plein d'humour du *Courrier du Mississippi* : « Un ancien athlète, célèbre, mais hors de forme, s'organise une réunion sportive au beau milieu de la nuit, devant les gradins vides. » Quelle bonne publicité, n'est-ce pas ? Et ton frère dit, bien entendu, que c'est grâce à lui si les agences de presse n'ont pas télégraphié aux quatre coins du monde. *(Elle se rapproche de lui.)* Pourtant, Brick, il te reste un atout maître... *(Brick s'écarte d'elle et va dans la véranda.)* Tu m'entends ?

BRICK

Tu disais ?

MARGARET

Je dis que ton père t'adore. Et qu'il déteste ton frère qui joue les fils modèles, et la femme de ton frère, Edith aux larges flancs, ce monstre de fécondité... Elle, surtout, le dégoûte. Tu n'as qu'à voir la tête de Père quand elle parle et qu'elle se met à discourir sur son thème favori *(elle fait quelques pas)*, l'accouchement, la naissance, et qu'elle a refusé l'anesthésie partielle pour se livrer, pleinement, à la maternité, en savourer pleinement la miraculeuse beauté ! *(Quelques pas.)* Et que Gooper a tenu à être à son chevet pour savourer, « pleinement », la « miraculeuse beauté » de la venue au monde des monstres sans cou ! *(Elle va au bar, prend un cube de glace et s'en frotte les bras.)* Père pense comme moi sur le ménage Gooper ! D'ailleurs, je le fais rire et je crois que je lui plais. J'irais même jusqu'à dire qu'il a envie de moi, inconsciemment bien sûr...

BRICK

Qu'est-ce que tu nous racontes ?

MARGARET

Cette façon qu'il a, quand nous parlons ensemble, de promener ses yeux sur moi, de haut en bas, de bas en haut, en lorgnant mes jambes, mes seins...

BRICK

Tu dis des choses écœurantes.

MARGARET, *s'adosse au bar.*

Ce que tu peux être casse-pieds avec ta fausse pudeur ! Eh bien, moi, je trouve très beau qu'un vieil homme près de la tombe jette sur un corps de femme un regard d'admiration que je crois mérité. Et je vais te dire autre chose. Père ne savait même pas combien le ménage Gooper avait fabriqué de gosses. « Il y en a combien au juste ? » leur a-t-il demandé à table, brusquement, à croire qu'il les voyait pour la première fois. Mère a bien essayé de dire qu'il plaisantait, mais il ne plaisantait pas — oh ! mais non !... la preuve c'est que quand le couple a dit qu'il y en avait cinq et bientôt un sixième, Père a eu, je te jure, un de ces airs... stupéfaits ! *(On entend, venant de la coulisse gauche, des cris d'enfants et des voix de grandes personnes essayant de les calmer.)* Allez ! Braillez les monstres ! *(Brick va au bar, met de la glace dans son verre et le remplit. Il boit, face au public. Margaret va s'asseoir sur le lit, prend l'oreiller et le serre contre elle.)* Je regrette vraiment, chéri, que tu n'aies pas été là au dîner de ce soir. Tu sais que Père, le pauvre cher homme, est un vrai trésor, mais il faut bien reconnaître qu'il mange goulûment, sans s'occuper de ce qui se passe autour de lui. Eh bien, malgré cela, Edith et Gooper, assis l'un près de l'autre, l'épiant comme deux rapaces, poussaient des cris d'orfraie chaque fois qu'un des sans-cou brillait d'intelligence et de précocité. Et les monstres sans cou, si tu les avais vus, qui dans sa chaise d'enfant, qui sur un dictionnaire, et tous, le chef orné d'un bonnet de papier en l'honneur de l'anniversaire ! Pendant tout le repas le couple n'a cessé d'échanger des coups de pied, des coups de coude, des clins d'œil, tout un code de signaux et d'avertissements ! Tu aurais juré un couple de bonneteurs en train de plumer un pigeon ! *(Brick appuie sa béquille contre le bar, fait un rouleau de sa serviette et se frotte les cheveux et le front.)* Même ta mère, le pauvre ange, qui n'est pas des plus vives, les a pris sur le fait : « Mais qu'est-ce que c'est que tous ces signes ? » elle a dit à Gooper. J'ai failli pouffer.

(Brick jette un coup d'œil sur Margaret.)

MARGARET, *doucement, comme interdite devant son expression.*

Quoi ?

BRICK, *avec un geste nonchalant.*

Rien.

(Margaret pose l'oreiller, ébouriffe ses cheveux, se lève, et va prendre un peigne sur la table de chevet. Brick est toujours près du bar et se frotte avec sa serviette.)

MARGARET

Quand on pense que Gooper se figure que son mariage avec Mlle Edith Flynn, une Flynn de Memphis, lui a fait faire un bond vers le sommet de l'échelle ! *(Elle descend vers le centre droit et se peigne en se regardant dans une glace.)* Mais qu'est-ce que c'est que les Flynn : des arrivistes qui ont eu de la chance. Quant à tenir là-bas le haut du pavé, pas question ! J'allais deux fois par an, à Pâques et à Noël, chez des amis de Memphis, et je sais exactement ce qui compte dans la ville ou ne compte pas. Ils n'avaient que l'argent et ils l'ont perdu. *(Brick pose sa serviette sur le bar et prend son verre. Il boit lentement à petites gorgées.) (Margaret se regardant dans la glace.)* D'ailleurs le papa Flynn n'a échappé à la prison que d'un cheveu. Ce qu'il a pu tripoter quand son consortium a sauté ! Et si on me jette, une fois de plus, à la figure que, pendant le carnaval, Edith

Flynn a été reine du Coton, je dirai, une fois de plus, que je lui laisse cet honneur : un trône de carton sur un char miteux, et sourire, saluer, envoyer des baisers tout le long de la grand-rue ! Merci, très peu pour moi ! Tiens, il y a deux ans, quand Suzan McPheeters l'a occupé, ce trône, sais-tu ce qui lui est arrivé ? Sais-tu ce qui est arrivé à cette pauvre petite Suzie McPheeters ?

BRICK

Qu'est-ce qui est arrivé à la petite Suzie McPheeters ?

MARGARET

Un type lui a craché du jus de tabac au nez.

BRICK

Un type lui a craché du jus de tabac au nez ?

MARGARET

Oui, mon cher. Un pochard. Un vieux pochard, à une des fenêtres de l'hôtel Gayse : « Eh ! la petite reine ! » il a crié. Suzie a levé vers lui son plus radieux sourire et a reçu en pleine figure une giclée de jus de tabac.

BRICK, *va lentement vers Margaret, son verre à la main.*

En voilà une histoire !

MARGARET, *gaiement.*

Ça n'est pas une histoire ! J'y étais, je l'ai vu !

BRICK, *s'appuie sur sa béquille et observe Margaret.*

Ça devait être plutôt drôle.

MARGARET

Tu trouves ? Pas pour Suzie. Elle s'est mise à hurler et on a dû l'emmener. *(Elle voit tout à coup Brick dans la glace et sursaute légèrement. Il se met à siffler. Elle se retourne et lui fait face.)* Pourquoi me regardes-tu comme ça ?

BRICK

Comme quoi ? *(Il se remet à siffler.)*

MARGARET

Comme j ai vu dans la glace que tu me regardais, quand tu t'es mis à siffloter. Ça m'a gelé le cœur ! *(Elle se détourne et remonte vers le fond.)* Ce n'est pas la première fois que tu me regardes ainsi, depuis ces derniers temps. Ça veut dire quoi, ce regard ?

BRICK

Je ne savais même pas que je te regardais.

MARGARET

Eh bien, moi, je le sais ! Dis-moi ce que tu pensais !

BRICK

Mais rien, je ne sais plus.

MARGARET, *quelques pas vers le centre.*

T'imagines-tu que j'ignore ?... hein ?... Crois-tu vraiment que j'ignore ?...

BRICK

Que tu ignores, Maggie ?

MARGARET, *descend vers la gauche et face au public.*

Que je suis devenue dure, excessive, cruelle ? *(Elle regarde Brick.)* C'est ça que tu pensais ? Eh bien, je le pense aussi. Mais c'est très bien ainsi. Je ne suis plus sensible. Je n'ai plus les moyens de m'offrir une sensibilité. Mais Brick, oh ! Brick...

(Elle s'arrête. Brick descend vers la droite en clopinant, passe devant le canapé et regarde au-dehors par la porte arrière-plan droite.)

BRICK

Tu disais quelque chose ?

MARGARET

J'allais dire quelque chose : que je me sens bien seule, Brick, affreusement seule !

BRICK

Comme tout le monde.

MARGARET

On est plus solitaire avec un homme qu'on aime et qui ne vous aime pas que si l'on vit toute seule.

BRICK, *se tourne vers elle.*

Tu aimerais vivre seule ?

MARGARET, *se tourne vers Brick.*

Ça non, Seigneur ! Pour rien au monde ! *(Brick a un geste de découragement, puis il s'installe sur le divan en sifflotant et pose sa béquille contre le canapé. Margaret va à Brick.)* Tu as pris une bonne douche ?

BRICK

Oui.

MARGARET

L'eau était fraîche ?

BRICK

Non.

MARGARET

Mais tu te sens mieux, maintenant.

BRICK

J'ai moins chaud.

MARGARET

Il y a quelque chose qui te rafraîchirait.

BRICK

Quoi ?

MARGARET

Une friction à l'alcool, ou à l'eau de Cologne.

BRICK

Ça me rappellerait le temps où je m'entraînais... c'est loin.

MARGARET

Pas tellement. Tu es en forme.

BRICK

Ah, oui ?

MARGARET

On dit que la boisson empâte les hommes. Pas toi en tout cas.

BRICK

Gentil de ta part.

MARGARET

Tu es d'ailleurs le seul parmi ceux que je connais.

BRICK, *se tourne sur le côté, sans regarder Margaret.*

Je commence pourtant à me sentir flasque.

MARGARET

Tôt ou tard, la boisson relâche les muscles, c'est forcé. Ça commençait déjà à se voir chez Skipper quand... *(Elle s'arrête et se tourne vivement vers Brick. Brick se redresse et la regarde.)* Je te demande pardon. Il faut toujours que j'appuie sur une dent malade. *(Elle remonte vers le lit.)* Si encore tu devenais laid, ça rendrait le martyre de sainte Maggie un peu plus supportable ! Mais je n'aurai pas cette chance. *(Elle s'assied sur le lit.)* Je crois même que ça t'embellit. On te croirait en pleine forme. Il est vrai que tu possèdes une grande qualité : l'indifférence totale. Tu as toujours joué sans te soucier de perdre ou de gagner la partie. Maintenant que tu as perdu — non, tu n'as pas perdu, tu t'es retiré du jeu —

ça te laisse le charme étrange, lointain, du renoncement, celui qu'ont les vieilles gens, les malades incurables : le charme de l'abandon. Tu as l'air calme, si calme... si froid...

(Une partie de croquet s'engage, en coulisse droite, entre le Révérend Tooker et le docteur Baugh. On entend le bruit sec des maillets contre les boules et le murmure des conversations.)

VOIX DU RÉVÉREND TOOKER

Tiens, attrape, mon garçon. *(Bruit de maillet.)* Regarde où je t'envoie !

(Margaret se lève et va à la porte de la véranda — fond droite.)

MARGARET

Ils jouent au croquet. *(On entend un chant d'oiseau.)* La lune vient de se lever, toute blanche... un petit peu jaune... *(Elle se tourne vers Brick.)* Quel amant merveilleux tu faisais, mon amour... *(Brick s'éponge le front.)* Quelle fête c'était de coucher avec toi ! Au lit aussi, ton charme était l'indifférence, un charme lent, lointain, tranquille, si naturel ! Tu faisais ça nonchalamment, avec une sorte de courtoisie : « Après vous, madame, je vous en prie !... » Quelle merveilleuse indifférence !

(Bruit de maillets.)

VOIX DU RÉVÉREND TOOKER

Bien joué !

VOIX DU DOCTEUR BAUGH

Eh oui ! Et te voilà mal parti !

(Margaret revient s'asseoir sur le lit.)

MARGARET

Si je pensais vraiment que jamais plus tu ne me feras l'amour, jamais, jamais, jamais, je courrais à la cuisine prendre un long couteau, un couteau long et mince, qui entrerait, d'un coup... Je peux te le jurer !

(La partie de croquet se poursuit en coulisse.)

VOIX DU RÉVÉREND TOOKER

Attention, attention ! Tu vas la rater !

VOIX DU DOCTEUR BAUGH

Tu ne me connais pas !

MARGARET

Mais peut-être que ce soir, quand je te dirai que je t'aime, tu seras assez saoul pour me croire. Peut-être... *(Bruit de maillets.)* En tout cas, sache-le, je n'ai pas ton charme, moi, le charme de l'abandon. Je reste sur le ring jusqu'au dernier coup de gong, et je vaincrai, tu verras... *(Bruit de maillets.)* Et quelle est la victoire d'une chatte sur un toit brûlant ?... Peut-être d'y rester jusqu'au-delà du possible.

VOIX DU RÉVÉREND TOOKER

Tu crois que tu vas te tirer de là !

VOIX DU DOCTEUR BAUGH

Comme une anguille, mon vieux, comme une anguille.

MARGARET, *se levant.*

Et eux jouent au croquet. *(Elle va s'asseoir sur le canapé.)*

Et Père a un cancer... Dis, à quoi pensais-tu, quand je t'ai vu me regarder ? Tu pensais à Skipper ? *(Brick prend sa béquille et se lève.)* Excuse-moi, pardonne-moi. La vertu du silence n'agit pas sur moi. Non, je n'éprouve pas du tout le bienfait du silence. *(Brick va au bar et boit rapidement un verre de whisky. Margaret se lève et le suit.)* Quand quelque chose suppure dans le cœur ou dans le cerveau, le silence n'agit plus. C'est comme pousser la porte d'une maison qui brûle pour y enfermer l'incendie. *(Près de lui.)* Je t'assure qu'il faut débrider les plaies, sans quoi elles s'infectent et pourrissent...

(Margaret pose la main sur la béquille de Brick. Il s'écarte brusquement et la béquille tombe à terre. Il sautille sur le pied gauche, son verre à la main.)

BRICK

Donne-moi cette béquille.

MARGARET, *lui tend les bras.*

Appuie-toi sur moi.

BRICK

Non, donne-moi simplement ma béquille.

MARGARET, *s'approche de Brick et lui met le bras autour du cou.*

Appuie-toi sur mon épaule !

BRICK

Je ne m'appuierai pas sur ton épaule ! *(Il la repousse avec violence.)* Vas-tu me donner ma béquille à la fin ?

MARGARET, *prend la béquille et la glisse vers lui.*

Tiens, la voilà, prends-la !

BRICK

Merci.

(Il met la béquille sous son bras et va en clopinant à la porte de la véranda — premier plan à droite.)

MARGARET

C'est la première fois depuis bien longtemps que tu élèves la voix. Serait-ce que le mur du sang-froid se lézarde ?

BRICK

Je ne l'ai pas senti encore...

MARGARET

Quoi ?

BRICK

Ce petit clic dans ma tête, quand j'ai ma dose de whisky et que rien ne m'atteint plus. Veux-tu me rendre un service ? Baisse un petit peu la voix.

MARGARET

D'accord. Je chuchoterai, même je ne dirai plus rien si toi tu me rends le service de ne plus boire jusqu'à la fin des réjouissances.

BRICK

Quelles réjouissances ?

MARGARET

Tu sais bien que c'est l'anniversaire de Père.

BRICK

Je l'avais oublié.

MARGARET

Heureusement que je suis là.

(Elle tire de dessous le lit une grande boîte et prend une enveloppe glissée sous le ruban qui entoure la boîte.)

BRICK

Heureusement, en effet.

MARGARET, *va à la table de chevet et prend un stylo.*

Tu n'as qu'à griffonner quelques mots sur cette carte.

BRICK, *descend la marche de la véranda.*

Griffonne toi-même, Maggie.

MARGARET

Mais c'est *ton* cadeau, Brick, donc c'est toi qui écris.

BRICK

Je n'ai pas acheté de cadeau.

MARGARET

Je l'ai acheté à ta place.

BRICK

Donc écris à ma place.

MARGARET

Pour qu'il sache que tu as oublié son anniversaire !

BRICK

C'est vrai : je l'ai oublié.

MARGARET

Pas besoin de le signaler !

BRICK

Je ne veux pas le tromper.

(Edith Flynn Pollitt paraît dans l'entrée à gauche. Elle tient un arc à la main et s'arrête pour écouter.)

MARGARET, *un pas vers Brick.*

Écris tout simplement : « Tendresses », et signe « Brick ».

BRICK

Non.

MARGARET

Fais-le, c'est important !

BRICK

Je fais ce qui me plaît. Tu oublies à quelles conditions j'ai accepté de continuer de vivre avec toi.

MARGARET

Tu ne vis pas avec moi, tu loges dans la même cage.

BRICK

Ce sont nos conditions.

(Sonny, un des enfants, entre en courant derrière Edith et bredouille une phrase : « Donne-le-moi... »)

MARGARET

Elles sont impossibles.

BRICK

Parfait. Alors, rien ne s'oppose... ?

(Edith essaye de faire sortir Sonny. Tapage dans le couloir.)

MARGARET, *coupe Brick.*

Chut ! *(Elle se tourne vers la porte du couloir.)* Qui est là ? Il y a quelqu'un à la porte.

(Edith pousse la porte, passe devant Margaret et va à Brick. Sonny se faufile dans la pièce et se cache derrière le bar.)

EDITH, *montrant l'arc qu'elle tient à la main.*

Ce truc est à toi, Brick ?

(Brick s'assoit sur le divan.)

MARGARET

Mais, chère Edith, c'est mon prix de Diane. Je l'ai gagné au grand concours intercollège de tir à l'arc...

EDITH

Il est dangereux de laisser une arme à la portée d'enfants sains et vigoureux qui ont une attirance naturelle pour de tels engins.

MARGARET

On devrait apprendre à des « enfants sains et vigoureux qui ont une attirance naturelle pour de tels engins » à ne pas toucher aux choses qui ne leur appartiennent pas.

EDITH, *prend Margaret dans ses bras.*

Maggie chérie, si tu étais mère de famille, tu sentirais combien ce que tu viens de dire est drôle. Veux-tu, je te prie, ranger cet arc ?

MARGARET

Sois tranquille, chère Edith, personne ne médite la mort de tes enfants.

(Margaret va vers la salle de bains. Sonny se lève de derrière le bar et court à elle. Edith le voit et crie.)

EDITH

Sonny ! Va-t'en ! *(Sonny disparaît en courant par la porte du couloir. Edith se tourne vers Brick.)* Comment va ta cheville, Brick ?

BRICK, *versant le contenu de son verre sur son plâtre.*

Je n'ai pas mal, mais ça me démange.

EDITH

Pauvre garçon !... Ah ! Brick !... Quel dommage que tu n'aies pas été avec nous, en bas, après le dîner. Les enfants ont donné un petit spectacle charmant ! Polly jouait du piano, Buster et Sonny du tambour ; ensuite, ils ont éteint et Dixie et Trixie, en costume de fées tout couvert de paillettes, ont dansé sur les pointes. Père était radieux, positivement radieux !

MARGARET, *acerbe, de la salle de bains.*

Sûrement ! Je le vois d'ici. *(Elle rentre dans la chambre et va vers le lit.)* Dis-moi, Edith, pourquoi as-tu donné des noms de chiens à tes gosses ?

(Elle s'assoit sur le lit.)

EDITH

Des noms de chiens ?

MARGARET

Dixie, Trixie, Buster, Sonny, Polly : c'est une affiche de cirque. Quatre chiens savants et un perroquet.

EDITH, *se plantant devant elle.*

Maggie chérie, pourquoi sors-tu toujours tes griffes ?

MARGARET

Parce que je suis une chatte. Mais comprends donc la plaisanterie !

EDITH

Mais voyons, Margaret, tu sais le nom de mes enfants ! Buster s'appelle Robert, Sonny s'appelle Saunderns, Trixie s'appelle Marlène, et Dixie...

(Gooper, mari d'Edith et frère de Brick, paraît dans le couloir un verre de whisky à la main.)

GOOPER

Eh, là-bas, Edith, arrive !... L'entracte est terminé !

(En coulisse, Sookey et Lacey commencent à chanter.)

EDITH

L'entracte est terminé ! A tout à l'heure !

(Elle sort par le couloir.)

GOOPER, *à Brick, de l'entrée.*

Ça va le whisky, mon petit vieux ?

(Il lève son verre à la santé de Brick et sort.)

MARGARET

Nous ne saurons jamais comment s'appelle Dixie...

BRICK

Pourquoi es-tu si rosse ?

MARGARET

Pourquoi je suis si rosse ? Mais parce que je suis brûlée d'envie, dévorée de jalousie. *(Elle se lève, va à la porte de la salle de bains et décroche une chemise pendue derrière la porte.)* Je vais te sortir ton complet de shantoung et une chemise de soie... *(Elle pose la chemise sur le lit, va à la table de chevet et prend dans le tiroir des boutons de manchette.)* Et cette fois tu vas mettre tes beaux boutons de manchette... ces saphirs qui ressemblent à une nuit d'été...

(Elle s'agenouille au pied du lit et commence à passer les boutons.)

BRICK

Comment veux-tu que je me fourre dans un pantalon avec ce plâtre ?

MARGARET

Ça ira, je t'aiderai.

BRICK

Je ne m'habillerai pas.

(Une pause.)

MARGARET

Alors, un pyjama ?

BRICK

Exactement, Maggie.

MARGARET

Merci. C'est vraiment très aimable de ta part.

BRICK, *indifférent.*

Il n'y a pas de quoi.

(Au loin deux cris de faucon. Brick lève la tête.)

MARGARET, *court à lui et s'agenouille à ses pieds.*

Brick, Brick, je t'en prie, assez de ce supplice. J'ai fait mon temps, je te jure. J'ai mérité ma grâce.

BRICK, *calmement.*

Tu me gâches mon whisky, Maggie. Tu as toujours, maintenant, la voix d'une femme qui court en criant : « Au feu ! »

MARGARET

C'est ça exactement : je suis comme un chat sur un toit de tôle brûlant.

(La chanson de Sookey et Lacey s'arrête en coulisse.)

BRICK, *se levant.*

Bon, eh bien, saute. Tu sais que les chats retombent sur leurs pattes.

MARGARET

Oui, on dit ça !

BRICK

Tu verras bien. Mais, saute, Maggie, prends un amant.

MARGARET

Comment veux-tu ? Je ne vois que toi. Même les yeux fermés, c'est toi que je vois. Oh ! deviens laid, Brick, je t'en prie, laid, gros, difforme, ce que tu voudras, mais fais quelque chose pour m'aider. *(Elle entoure de ses bras les jambes de Brick. En coulisse (fond gauche) les enfants commencent à chanter « Jesus loves me » et le Révérend Tooker ponctue leur chant çà et là par un Amen.)* Réponds-moi... réponds-moi... *(Elle le regarde, se lève et regarde vers la porte.)* Allons, bon, un concert ! *(Elle va à la porte.)* Bravo, les sans-cou, bravo ! *(Elle tourne le dos à la porte (fictive) et fait le geste de la claquer. Ce qui supprime la chanson.)* Brick !

BRICK

Pourquoi fermes-tu à clef ?

MARGARET

Pour être seule avec toi.

BRICK

Tu n'es pas raisonnable.

MARGARET

Je ne suis pas raisonnable.

BRICK

C'est ridicule.

MARGARET

Je m'en moque !

BRICK

Pas moi. Ton attitude me gêne !

MARGARET

Eh bien, sois gêné si tu veux. Mais changeons d'existence. Je ne peux plus vivre ainsi.

BRICK

Tu as été d'accord...

MARGARET

Je sais, je ne le suis plus.

BRICK

Je regrette, mais c'est ainsi.

VOIX DE GRAND-MÈRE, *dans le couloir.*

Mon fils ! Mon fils !

MARGARET, *à Brick.*

J'en ai assez, assez, assez !

(Brick va en clopinant vers Margaret. Grand-mère arrive en courant et se tient derrière Margaret, la porte les séparant.)

GRAND-MÈRE

Brick ! Brick ! Brick !

MARGARET, *sans bouger.*

Qu'est-ce qu'il y a, Mère ?

GRAND-MÈRE

Mon fils ! Nous avons reçu de merveilleuses nouvelles au sujet de Père. *(Elle fait le geste de vouloir ouvrir la porte.)* Pourquoi cette porte est-elle fermée ? *(Brick va dans la salle de bains.)*

MARGARET

Brick s'habille, Mère.

GRAND-MÈRE

Ce ne serait pas la première fois que je le verrais tout nu. Allons, ouvre cette porte !

(Elle passe dans la véranda. Margaret ouvre la porte, ne voit personne et jette un coup d'œil dans le couloir.)

MARGARET

…re !

(Grand-mère entre tout à coup par une des portes de la véranda et fait sursauter Margaret.)

GRAND-MÈRE

Où est-il ? *(Elle l'entend siffloter dans la salle de bains.)* Viens vite, mon fils, je veux t'apprendre une grande nouvelle. *(A Margaret.)* Je déteste les portes fermées à clef.

MARGARET, *va au lit et s'assoit.*

Je l'ai déjà remarqué, mais nous avons tous besoin d'être seuls quelquefois, non ?

GRAND-MÈRE

Non, ma fille, pas chez moi ! *(Elle prend sur le canapé la robe de Margaret.)* Pourquoi as-tu enlevé ta robe de dentelle ? Elle te va si bien.

MARGARET

C'est aussi mon avis, mais un de mes charmants petits voisins de table l'a prise pour sa serviette...

GRAND-MÈRE

Tu pouvais la garder, il n'y a pas grand-chose.

(Elle va accrocher la robe à la porte de gauche.)

MARGARET

Il y en a assez pour que, si je la porte, Edith et Gooper prennent ça pour une provocation. Merci, Grand-mère. Ils sont si chatouilleux quand il s'agit de leurs gosses.

GRAND-MÈRE, *crie vers la salle de bains.*

Allons, Brick, dépêche-toi ! *(A Margaret.)* Chansons, tout cela, ma fille ! Tu n'aimes pas les enfants, voilà tout.

MARGARET

Erreur, je les adore... quand ils sont bien élevés.

GRAND-MÈRE, *doucement, avec affection.*

Alors, qu'est-ce que tu attends pour en avoir et les élever à ta façon ?

VOIX DE GOOPER, *coulisse droite.*

Hé, maman ! Betzy et Hugh s'en vont. Ils voudraient vous dire au revoir !

GRAND-MÈRE, *va à la porte de la véranda et crie.*

Dis-leur de patienter ! Je descends tout de suite !

VOIX DE GOOPER

Bien, Mère.

GRAND-MÈRE, *fait quelques pas vers la salle de bains.*

Brick ? Est-ce que tu m'entends ?

BRICK, *de la salle de bains.*

Mais parfaitement, Mère.

GRAND-MÈRE

Nous venons de recevoir le rapport de la clinique. Entièrement négatif, oui, tout est négatif, mon fils, d'un bout à l'autre. Père n'a rien de rien, sauf un petit ennui du côté du côlon *(plus fort)*, un côlon spasmodique, ils appellent ça... Eh bien, Brick, tu m'entends ?

MARGARET

Il vous entend, Mère.

GRAND-MÈRE

Alors, pourquoi ne dit-il rien ? On parle, bonté divine, devant une telle nouvelle, on pousse des cris, on danse ! Moi, j'ai ri, j'ai pleuré, je me suis jetée à genoux ! Je m'en suis couronnée, ma parole ! Tiens, regarde ! *(Elle relève sa jupe.)* Il a fallu le docteur pour me remettre debout ! *(Elle va à Margaret et la prend dans ses bras.)*

Comme c'est merveilleux ! Recevoir un tel rapport, aujourd'hui justement, le jour de l'anniversaire ! Ton père a fait celui qui trouve ça naturel, mais on voyait combien il était soulagé ! Il était tout près de fondre en larmes, le cher homme.

VOIX DE GOOPER

Grand-mère !

(On entend sonner le téléphone en coulisse gauche.)

GRAND-MÈRE, *criant vers la droite, à Gooper.*

J'arrive... Fais-les attendre !

VOIX DE SOOKEY, *dans l'entréc à gauche.*

On appelle de Memphis, madame ! C'est Miss Sally !

GRAND-MÈRE

Cette vieille sourde de Sally ! Il va falloir hurler... *(Crie vers le couloir.)* J'arrive, Sookey ! *(Crie vers la salle de bains.)* Dépêche-toi de t'habiller, Brick ! Nous monterons tous ici pour finir la soirée ! *(A Margaret.)* Il souffre encore beaucoup ?

MARGARET

Il est le seul à le savoir, Mère. *(Grand-mère disparaît dans le couloir.)* Et il ne me l'a pas dit.

VOIX DE GRAND-MÈRE, *hurlant dans le téléphone.*

Allô, Miss Sally ! Vous allez bien, Miss Sally ? *(Brick sort de la salle de bains, va au bar, prend une bouteille.)* Oui... justement, j'allais vous appeler !

MARGARET

Brick, je t'en prie !

(Brick vide la bouteille, la jette à Margaret, prend son verre et retourne dans la salle de bains. Margaret se laisse tomber à plat ventre sur le lit.)

GRAND-MÈRE, *continuant à hurler dans le téléphone.*

Mais pourquoi m'appelez-vous du hall de cet hôtel ? Ce n'est pas étonnant que vous ne m'entendiez pas !... Non, écoutez-moi bien. Nous venons de recevoir le rapport médical. Il n'a rien de grave... Non, je dis : il n'a rien, simplement quelque chose qui s'appelle un côlon spasmodique... spasmodique... Zut, j'y renonce ! *(Grand-mère revient dans la chambre.)* Maggie, veux-tu aller parler à cette idiote de sourde !

(Margaret se lève et sort dans le couloir.)

VOIX DE MARGARET

Miss Sally, ici Maggie, la femme de Brick. Vous m'entendez ?... Parfait... *(Pendant que Maggie téléphone, Grand-mère va jusqu'au lit, voit la bouteille, la prend, la regarde, puis la pose sur la table de chevet. Puis elle prend la chemise de Brick qui est restée sur le lit et la pose sur le canapé. Elle s'arrête devant le divan et le regarde pensivement.)* Mère voulait simplement vous dire que nous avons reçu le rapport de la clinique... Père n'a rien du tout... rien du tout... Il souffre seulement de spasmes... des spasmes, oui, du côlon... Vous y êtes ?... Au revoir, Miss Sally, à bientôt !

(Margaret revient dans la chambre au moment où Grand-mère prend sur le divan l'oreiller de Brick, qu'elle tient dans ses bras.)

Elle a tout de même compris.

(Grand-mère va vers le lit et pose l'oreiller à côté de celui de Margaret.)

GRAND-MÈRE

Ouf ! drôle de numéro !

VOIX DE GOOPER

Eh bien, maman, vous venez ? Betzie et Hugh s'en vont !

GRAND-MÈRE

J'arrive, je t'ai dit !

(Elle regarde Margaret et montre du doigt la bouteille sur la table de chevet.)

MARGARET

Pardon ?

GRAND-MÈRE

Ne fais pas l'imbécile ! Où en est-il ce soir ?

MARGARET, *s'assied sur le lit et avec un petit rire.*

Mais... je crois qu'il a pris un verre... ou deux, depuis le dîner.

GRAND-MÈRE

Je ne trouve pas ça drôle. Il y a des garçons qui cessent de boire en se mariant et d'autres qui s'y mettent. Brick n'avait jamais touché à un verre d'alcool avant...

MARGARET

Ah ! non, c'est trop injuste !

GRAND-MÈRE

Je vais te poser une question : est-ce que Brick aime coucher avec toi ?

MARGARET

Pourquoi ne me demandez-vous pas si j'aime, moi, coucher avec lui ?

GRAND-MÈRE

Parce que je le sais...

MARGARET

Eh bien, le plaisir est réciproque !

VOIX DE GOOPER

Alors, Mère, vous venez, oui ou non ?

GRAND-MÈRE

Il y a quelque chose qui cloche. Toi, tu n'as pas d'enfants et Brick se saoule chaque jour. Quand un couple fait naufrage, c'est là-dessus. *(Elle montre le lit.)* Voilà l'écueil !

(Elles se regardent, puis Grand-mère sort par la porte de la véranda fond droite.)

MARGARET

C'est injuste, mais que faire ? *(Elle se lève, va au miroir et se regarde fixement.)* Que faire, toi qui me regardes, dis-moi, Maggie la chatte ?

BRICK, *de la salle de bains.*

Maman est partie ?

MARGARET

Elle est partie. *(Brick entre, va au bar et remplit son verre.) (Margaret toujours face au miroir.)* Tu sais, je viens de réfléchir... Notre vie sensuelle n'est pas morte à petit feu, comme ça se passe d'ordinaire, elle a été tranchée brusquement, d'un seul coup. Donc, elle va revivre, tout à coup, brusquement. J'en suis persuadée. *(Brick se retourne pour la regarder. Elle surprend son regard.)* C'est pourquoi il importe que je reste séduisante. Pour cet instant béni où tu reposeras sur moi le regard des autres hommes — ce regard qui signifie que ce qu'ils voient leur plaît beaucoup... vraiment beaucoup... *(Brick descend vers la porte de la véranda à droite, son verre à la main.)* Les hommes m'admirent, tu sais. J'ai le corps mince, les muscles fermes, la chair jeune. Parfois, je te l'accorde, le visage est fatigué, mais la ligne tient le coup, comme la tienne d'ailleurs. Les hommes se retournent sur moi, quand je marche dans la rue. L'autre jour, à Memphis, leurs yeux me fusillaient, au golf, au restaurant, dans les grands magasins. Je me sentais transpercée par tous ces regards d'hommes. Tiens, quand Alice a donné cette soirée, tu sais bien, en l'honneur de ses cousins de New York, le plus beau garçon de la bande ne m'a pas quittée d'une semelle, même quand je suis montée pour me poudrer le nez. J'ai dû claquer la porte et tourner la clef !

(Pendant qu'elle parlait, Brick s'est assis sur le divan.)

BRICK

Il fallait le laisser entrer.

MARGARET, *se tourne vers lui.*

J'en ai eu presque envie. Tu veux savoir qui c'est ? Sonny Maxwell. Voilà qui c'était.

BRICK

Sonny Maxwell... Ah ! oui, un bon coureur de quatre cents. Dommage qu'il ait eu ce déplacement des vertèbres.

MARGARET, *remonte vers la droite.*

Ses vertèbres sont en place, il n'est pas marié et il a envie de moi !

BRICK

Alors, aucune raison de lui fermer la porte.

(Furieuse, Margaret saisit brusquement la serviette humide sur le bar et la jette sur Brick. Il l'attrape facilement et s'essuie le front avec.
Au loin, trois cris de faucon.
Margaret va dans la salle de bains.
Brick cherche des yeux les faucons.
Margaret revient : elle a passé une robe d'intérieur.)

MARGARET

Tu m'y pousses avec tant de patiente obstination que je finirai un jour par te tromper, mon cher. Mais tu n'en sauras rien ; à part le type et moi, personne n'en saura rien. Pas plus par infidélité que pour nulle autre raison, jamais je ne te donnerai de motif de divorce.

BRICK

Je n'ai pas l'intention de demander le divorce. Et ça me soulagerait que tu prennes un amant.

MARGARET

Je ne veux pas prendre de risques. Je préfère rester sur ce toit de tôle brûlant...

BRICK, *se levant.*

Ce n'est pas très confortable.

(Il se met à siffler doucement.)

MARGARET

Non, mais j'y resterai aussi longtemps qu'il le faudra.

BRICK

Pourquoi ne me quittes-tu pas ? *(Il siffle.)*

MARGARET

Je n'en ai aucune envie. *(Brick est face à la porte premier plan. Au loin, trois cris de faucon. Au fond, Grand-père traverse la pelouse de droite à gauche suivi de Grand-mère qui chantonne « She came to my window ». Grand-père fume un gros cigare dont elle écarte la fumée en agitant un mouchoir. Ils disparaissent. Margaret va à la porte fond droite. Margaret à Brick :)* D'ailleurs, pour divorcer, il faut beaucoup d'argent et tu n'as pas un sou. *(Elle traverse la chambre et rejoint Brick.)* Tu n'as que ce que ton père te donne et ce n'est guère. S'il mourait demain... *(Elle remonte vers la porte du fond.)*

BRICK, *s'assied sur la marche de la véranda.*

Mais pourquoi mourrait-il ? Maman vient de nous dire qu'il n'avait rien.

MARGARET, *passe dans la véranda et rejoint Brick.*

Elle le croit. Elle était là quand le docteur a lu à Père le faux rapport. Elle s'y est laissé prendre, comme lui. Mais ce soir, quand Père sera couché, il faudra dire la chose à Mère.

BRICK

Et Père ne se doute de rien ?

MARGARET, *s'accroupit à la droite de Brick.*

Mais non, naturellement. *(Au loin, trois cris de faucon. Un temps.)* Il est étrange de se dire que Père voit le dernier de ses anniversaires... *(Un temps.)* Mais, Brick, il faut regarder la situation. Il n'y a pas de testament, tu bois terriblement et je n'ai pas d'enfant : triple avantage pour les Gooper. *(Au loin, deux cris de faucon. Brick siffle les faucons.)* Ah, Brick, tâche de comprendre... Toute ma vie, j'ai été pauvre, d'une pauvreté totale, abjecte, répugnante ! C'est la vérité, Brick.

BRICK

Je ne dis pas le contraire.

MARGARET

Toujours flatter des gens parce qu'ils étaient riches, et rester pauvre comme Job. Ne jamais faire un pas, un seul pas, vers l'argent. Imagines-tu ce que c'est... Figure-toi que tu es à mille kilomètres de ton bar bien-aimé, et que, pour y atteindre, tu doives clopiner sur ta patte cassée, sans canne ni béquille. Tu vois ce que je veux dire ? Mon père sombrant dans l'alcool, ma pauvre courageuse mère s'acharnant à sauver les apparences sociales, avec le revenu de vieux titres moisis — cent cinquante dollars par mois ! L'année où j'ai fait mes débuts dans le monde, j'avais deux robes du soir : l'une taillée par maman d'après un modèle de *Vogue*, l'autre, une défroque lâchée par une cousine que je haïssais. Pense que le jour de mes noces, j'avais sur le dos la robe de mariée de ma grand-mère ! *(Au loin, deux cris de faucon.)* Il faut être jeune pour être pauvre. Quand on vieillit, il faut de l'argent. Être vieux et pauvre, c'est un supplice épouvantable. C'est l'un ou l'autre, Brick. Jeune ou riche : pas de milieu. Voilà la vérité. *(Coassements de grenouilles, à droite. Brick se lève et va au bar.)* Eh bien, voilà, je suis prête. Et je n'ai plus rien à faire. Tout ce qu'il y a de plus prête... tout ce qu'il y a de plus vide... *(Brick ouvre une bouteille et se verse à boire.)* Je sais à quel moment, Brick, je me suis trompée. J'y ai beaucoup pensé, je sais à quel moment précis je me suis trompée. C'est quand j'ai cru plus propre de te dire la vérité au sujet de Skipper. *(Brick se tourne vers elle.)* Mais c'était une erreur, une fatale erreur. Jamais je n'aurais dû te dire cette histoire Skipper.

BRICK

Fais attention, Maggie, pas un mot sur Skipper. Prends garde, je suis sérieux, pas un mot sur Skipper.

MARGARET

Il faut que tu comprennes qu'entre Skipper et moi...

BRICK

Je suis sérieux, Maggie. Je ne hausse pas le ton, mais ne t'y trompe pas !... *(Il va à elle, son verre à la main.)* Ne te mêle pas d'une chose à laquelle personne n'a le droit de toucher. Ce serait un jeu dangereux, terriblement dangereux.

MARGARET

Dangereux ou pas, je le joue... Nous avons couché ensemble, Skipper et moi. Oui, nous voulions, moi et Skipper, te retrouver à travers nous. Te retrouver, toi qui échappes, toi qui fuis tous ceux qui t'aiment, et il y en a ! Il y en a des gens qui t'aiment, espèce de dieu trompeur et vain ! Et alors, Skipper et moi, nous avons voulu faire l'amour. Et c'est ça la vérité !

(Elle se détourne.)

BRICK

La vérité, c'est Skipper qui me l'a dite.

MARGARET

Mais je t'en avais parlé !

(A l'arrière-plan, Dixie traverse la pelouse de droite à gauche en courant, suivie de près par Trixie. Dixie brandit un maillet de croquet que Trixie réclame en hurlant. Elles disparaissent fond gauche.)

BRICK, *va vers la marche de la véranda — fond droite.*

Après Skipper, Maggie.

MARGARET

Après... avant... Qu'est-ce que ça fait ?...

BRICK, *passe dans la véranda et appelle.*

Petite fille ! Eh, petite fille, dis aux gens de monter ! Fais monter tout le monde !

MARGARET

Ça ne servira à rien. Je parlerai devant tout le monde. Je ne peux plus m'arrêter.

BRICK

Petite fille, dépêche-toi. Fais monter tout le monde !

MARGARET

Il faut que cela soit dit, que tu le veuilles ou non. *(Un silence.)* Ce fut une belle histoire, une très belle histoire, comme dans les légendes grecques. Elle ne pouvait être que belle, puisque c'est à toi qu'elle est arrivée. Très belle, mais très triste, et même terrible : cet amour impossible, qui ne pouvait pas s'avouer.

BRICK, *près du canapé.*

Vas-tu te taire, Maggie ? Je t'ordonne de te taire !

MARGARET

Non, non, laisse-moi te dire ! Je comprends cette histoire, tu le sais bien, voyons. Je la trouve très noble, et je la respecte, Brick. Mais l'histoire est finie et maintenant il faut vivre. Le songe s'est évanoui, mais la vie continue.

(Brick pose son verre sur le canapé et sa béquille contre le dossier.)

BRICK

Prends garde, Maggie, prends garde. Tu ne sens pas que je pourrais te tuer ?

MARGARET

Tu ne sens pas que ça me serait égal ?

BRICK

Un homme a eu la chance de connaître dans sa vie une grande et belle chose, une chose authentique. Il a fallu que tu la salisses.

MARGARET

Ce n'est pas vrai, ce n'est pas vrai !

BRICK

Une belle amitié d'homme, une amitié très pure. Tu l'as salie.

MARGARET

Tu ne me comprends donc pas ? Je t'ai dit, je te répète que je n'ai jamais douté que cette amitié fût pure, si pure que le pauvre Skipper en est mort. Il est des sentiments que rien ne peut toucher sous peine de corruption, ainsi cette amitié, translucide comme la glace et qui n'a pu finir que dans la glacière de la mort.

BRICK

Mais tu penses bien, voyons, que je ne t'aurais pas épousée... *(il lève sa béquille d'un geste menaçant)* si j'avais le moins du monde...

MARGARET

Non, Brick, laisse-moi finir. Je sais, je suis certaine, que si votre amitié cachait je ne sais quel trouble, quel désir inconscient, ce n'était que chez Skipper... *(Brick remonte vers le fond, appuie sa béquille contre le lit.)* Rappelle-toi les choses. Nous nous sommes mariés, en quittant l'Université, dès le début des vacances, et pendant tout l'été nous avons vraiment su ce que c'est que le bonheur. Mais à l'automne, au lieu de vous lancer dans la vie comme des hommes, vous avez, Skipper et toi, refusé des situations épatantes, pour rester ici tous les deux, oui, pour garder intacte cette fameuse paire, Skipper et Brick Pollitt, idole de la jeunesse. C'est à la fin de l'automne que vous avez fondé le club des *Étoiles de Dixie* — histoire de rester, Skipper et toi, éternellement coéquipiers. Mais, sans parler de moi, il y a eu tout à coup quelque chose entre vous : Skipper s'est mis à boire... Tu as eu cette blessure et tu n'as pu jouer le grand match de novembre, tu sais, à Chicago. Tu n'as pu que le voir à la télévision, de ton lit mécanique. Moi, j'ai suivi la bande et, Skipper étant saoul, les *Étoiles de Dixie* ont perdu le grand match. Après quoi, nous avons bu toute la nuit dans le bar de l'hôtel. Lorsque le jour d'hiver s'est levé sur le lac et que nous sommes sortis jeter un coup d'œil vaseux sur ce spectacle rare, j'ai dit : « Skipper, vous aimez Brick. Alors, de deux choses l'une : vous le lui avouez, ou vous vous éloignez. » *(Brick, furieux, frappe le lit de sa béquille.)* C'est la pure vérité. Il m'a frappée sur la bouche. Puis il a galopé comme un fou vers l'hôtel. Je l'ai suivi dans sa chambre, et ce pauvre Skipper, complètement affolé, a voulu me prouver, par une pauvre, petite, pitoyable tentative que je l'avais calomnié. *(Brick, hors de lui, fonce sur Maggie qui pousse un cri, se lève d'un bond, bondit dans la véranda à droite et revient dans la chambre par la porte du fond. Brick se tient près de la porte de la véranda premier plan, appuyé sur sa béquille, et la regarde fixement.)* Non, non, non ! *(Elle lui fait face.)* Ce n'est pas moi qui l'ai détruit, c'est *ça*, cette vérité, que je lui ai dévoilée, et que son éducation l'a toujours empêché de regarder en face. Après, naturellement, Skipper ne pouvait plus que sombrer dans l'alcool et la drogue. « Pauvre petit moineau, qui a tordu ton cou ? » — « Moi, par miséricorde ! » *(Brick marche, en clopinant, sur Margaret. Elle recule lentement.)* Je ne suis pas bonne, Brick. D'ailleurs personne n'est bon. Je n'ai pas assez d'argent pour m'offrir la bonté. Pas bonne, non, mais honnête. Laisse-moi au moins cela. Et puis, Skipper est mort, et moi, je suis vivante. Vivante, Brick, vivante ! *(Brick veut donner un coup de béquille à Margaret, elle se baisse et l'évite. Brick lâche la béquille qui tombe. Brick s'écroule par terre au centre premier plan. A cet instant font irruption dans la chambre Buster, Sonny, Dixie et Trixie qui font partir leurs pistolets d'enfant et crient : « Pan ! Pan ! Pan ! ». Buster entre par la porte du couloir, vise Brick et vide son pistolet sur lui. Les autres courent dans la véranda puis entrent par la porte du fond. Ils se tiennent enfin autour du canapé.)* Dites donc, mes petits amis, personne de la famille, votre mère par exemple, ne vous a appris qu'on frappe avant d'entrer ?

BUSTER

Qu'est-ce qu'il fait par terre, l'oncle Brick ?

BRICK

Je viens d'essayer de tuer votre tante Maggie, mais j'ai raté mon coup.

MARGARET

Donne la béquille à ton oncle, chéri. *(Buster va prendre la béquille et la donne à Brick.)* Il s'est cassé la cheville en sautant un obstacle au stade du collège.

BUSTER

Pourquoi sautiez-vous des obstacles, oncle Brick ?

BRICK

Parce que je les sautais dans le temps, et les gens aiment à refaire ce qu'ils faisaient dans le temps, même quand ils ne le peuvent plus.

MARGARET

On vous a répondu. Parfait ! Allez-vous-en ! *(Les enfants foncent aussitôt à travers la chambre, tirant à bout portant sur Margaret qui met ses mains sur son visage.)* Assez ! Assez ! Monstres !

(Ils sortent en courant par la porte du couloir en criant : « Pan ! Pan ! Pan ! » Trixie s'arrête devant Margaret.)

TRIXIE

Vous êtes jalouse. Vous êtes jalouse parce que vous ne pouvez pas avoir de bébés ! *(Elle fait un grand sourire à Margaret et sort par le couloir. Brick se lève et descend en clopinant jusqu'au divan.)*

MARGARET, *riant.*

Tu vois ? Ils nous démolissent, même devant les sans-cou. *(Elle fait un pas vers Brick.)* Brick, j'ai vu un docteur à Memphis. Il m'a examinée et il m'a dit que je suis faite pour avoir des enfants. Alors, quand tu voudras... Tu m'écoutes ?

BRICK, *prend son verre sur le canapé.*

Parfaitement. Mais comment feras-tu pour avoir un enfant d'un homme qui ne peut plus te sentir ?

MARGARET

Ça, c'est un problème que je vais être bien forcée de résoudre. *(Bruit de voix adultes dans le couloir, qui se rapproche. Margaret se retourne et fait face à la porte du couloir.)* Les voici !

(L'éclairage baisse.)

RIDEAU

ACTE II

(Margaret et Brick sont en scène, dans l'attitude qu'ils avaient à la fin du premier acte. Elle se tient face à l'entrée, lui au premier plan près du divan, son verre à la main. La lumière monte.)

MARGARET

Les voici !

(Entre Grand-père, par le couloir. Margaret va à lui et l'embrasse. Il descend vers Brick et Margaret va au bar.)

GRAND-PÈRE

Hello, Brick.

(Entrent, par le couloir, Gooper et le Révérend Tooker. Ils traversent la véranda. Les répliques suivantes s'entrecroisent.)

BRICK

Hello, Père ! Bon anniversaire. (*Il lève son verre.*)

GOOPER, *au Révérend.*

J'ai lu dans le journal qu'on vous a fait cadeau d'un vitrail commémoratif.

GRAND-PÈRE

Merde !

(Il se tourne vers la droite et aperçoit Gooper et le Révérend qui entrent par le fond. Il se retourne vers l'entrée, au moment où Edith et le docteur Baugh pénètrent dans la chambre. Il se trouve cerné par eux tous.)

EDITH

Voyons, ils ont été piqués contre la typhoïde, contre le tétanos, contre la diphtérie, contre l'hépatite et contre la poliomyélite.

(Elle descend vers la gauche avec le docteur.)

EDITH

Gooper, dis-moi, Gooper ! Contre quoi les enfants ont-ils été piqués ?

Mais contre tout au monde, si je ne m'abuse, à part le vol !

(Rire général. Brick descend dans la véranda premier plan.)

EDITH, *au docteur.*

On leur fait ces piqûres chaque mois, de mai à septembre.

RÉVÉREND TOOKER

C'est bien gentil, sans doute, mais l'église Saint-Paul, à Grenada, en a eu trois, et celui qui représente le Christ a coûté deux mille cinq cents dollars. Le Bon Pasteur avec un agneau dans les bras.

GOOPER

Qui vous a fait ce cadeau ?

RÉVÉREND TOOKER

La veuve de Clyde Fletcher. Mais elle a en même temps donné des fonts baptismaux à Saint-Paul.

GOOPER

Savez-vous ce que quelqu'un devrait bien offrir à votre église, Révérend ? Un système de réfrigération !

RÉVÉREND TOOKER

Oh ! tout à fait d'accord !

RÉVÉREND, *à Gooper.*

Et savez-vous ce que la famille de Gus Hanna a donné à l'église de Two Rivers, en souvenir de lui ? Un presbytère, en pierre, avec un court de basket-ball dans le sous-sol et...

GRAND-PÈRE

Dites donc, Révérend, ça rime à quoi toutes ces histoires de dons commémoratifs ?... Vous comptez sur une mort prochaine dans la famille ?

MARGARET

Allume la radio, Brick... Un peu de musique pour commencer.

(Elle descend vers Brick.)

BRICK

Allume-la toi-même !

(Edith va vers le bar où se trouve la radio.)

MARGARET, *près du divan.*

Je me perds dans tous ces boutons.

GOOPER

C'est nous qui la leur avons donnée. Avec trois haut-parleurs.

(Edith tourne les boutons. Une voix d'homme politique, forte et doucereuse, mugit.)

LA VOIX

Les mensonges aussi répugnants qu'effrontés de mon adversaire...

GRAND-PÈRE

Fermez cette boîte !

(Edith ferme la radio. Grand-mère arrive en courant par le couloir.)

GRAND-MÈRE

Tu es là, mon Brick ? Tu es là, mon bébé chéri ?

GRAND-PÈRE

Non, rouvrez la boîte !

(Edith tourne un autre bouton. Le cadran de la télévision s'éclaire à droite du bar. Gooper et le Révérend, Edith et le Docteur regardent la télévision. Margaret s'assied sur le divan, Grand-père dans le canapé.)

GRAND-MÈRE, *descend vers Brick, dans la véranda premier plan.*

Voilà mon fils chéri ! Oh, Brick, encore ce verre ! Pose-le, je t'en prie !

(Brick boit.)

GOOPER, *les regardant attentivement.*

C'est fou ce qu'il obéit !

(Il se tourne en riant vers Edith et le Docteur.)

GRAND-MÈRE

C'est un mauvais garçon, un vilain petit garçon. Embrasse ta vieille maman, petite fripouille. Voyez-le se défiler ! Il a horreur des caresses.

UNE VOIX, *de l'amplificateur de télévision.*

C'est Tom Charkey qui se précipite. Attention, il va lancer !

GRAND-MÈRE, *se tourne vers les autres.*

Arrêtez-moi cette machine. *(Edith va à la télévision et éteint. Elle va rejoindre Gooper, le Révérend et le Docteur au premier plan gauche.)* Je déteste la télévision ; je n'aimais déjà pas la radio, mais cette télévision-là... *(Elle se laisse tomber sur le lit.)* Mais qu'est-ce que je fais là, loin de mon vieux compagnon ? Je veux m'asseoir près de lui et lui faire des mamours. *(Elle se lève et essaie de s'asseoir à côté de Grand-père.)* Fais-moi une petite place ! *(Elle n'arrive pas à le faire bouger.)* Aussi aimable que Brick ! *(Grand-père grogne, se lève et descend vers la porte de la véranda premier plan. Grand-mère se laisse tomber dans le canapé.)* Révérend ! Révérend, aidez-moi à me sortir de là !

RÉVÉREND TOOKER, *va à elle.*

Ne me faites pas de farces, Grand-mère !

GRAND-MÈRE

Comment, pas de farces ? Donnez-moi votre main pour m'aider à me lever... *(Le Révérend tend la main à Grand-mère, qui le tire et le fait tomber sur ses genoux. Elle le fait sauter sur ses genoux tout en chantant :)*
A-t-on jamais vu ça, bonnes gens ?
Un pasteur sur les genoux d'une femme ?
Un pasteur sur les genoux d'une femme ?

(Éclat de rire général. Entre par le couloir Sookey, qui va à Edith, lui parle et ressort avec elle. Gooper et le Docteur descendent vers la gauche en riant.)

GRAND-PÈRE, *hurlant.*

Assez de bêtises, Grand-mère !

GRAND-MÈRE

Levez-vous, Révérend.

(Il se lève, non sans difficulté, et réajuste ses vêtements. En coulisse, un chœur formé de Mae, des enfants et des ouvriers agricoles, entonne « Happy Birthday ».)

GRAND-PÈRE, *à Grand-mère.*

Ce n'est vraiment plus de ton âge.

GRAND-MÈRE, *descend rapidement vers le premier plan gauche.*

La fête commence ! La fête commence !

(Le chant monte.

En coulisse fond droite, une clochette sonne. Paraissent sur la pelouse Daisy, Brightie, Small et Lacey.
Entrent dans la chambre par le couloir Sonny, Buster et Dixie coiffés de bonnets de papier et précédés par Trixie qui porte un énorme gâteau couvert de bougies allumées. Grand-père va jusqu'à la porte fond droite de la véranda et salue les chanteurs.
A la fin de la chanson, les ouvriers agricoles sortent sauf Brightie et Small. La clochette s'arrête.
*Edith aligne les enfants au centre, face au public, et les aide à entonner une autre chanson (*Skinamarinka-a-doo*).*
Le Révérend prend le gâteau des mains de Trixie et le passe à Sookey, qui vient d'entrer par le couloir. Elle le pose sur le bar et se tient rayonnante devant la porte du couloir. Les enfants saluent Grand-père dans la chanson.)

GRAND-PÈRE, *crie.*

Seigneur !

(Quelques pas vers la droite. Brightie et Small sortent. Les enfants terminent leur chanson et entourent Grand-mère qui fond en larmes. Edith court à elle.)

Au nom du ciel, Ida, qu'est-ce qui te prend ?

GRAND-MÈRE

Je suis si contente que je ne sais plus ce que je fais ! *(Elle écarte Edith et descend vers Brick. Sonny et Buster vont rejoindre Edith, ainsi que Gooper. Dixie va au bar et racle le sucre du gâteau ; Trixie ne bouge pas et regarde Grand-père.)* Brick, est-ce que tu connais la merveilleuse nouvelle ? Père n'a rien, rien du tout.

MARGARET

C'est vraiment magnifique !

GRAND-MÈRE

Mais absolument rien. Il a passé son examen brillamment. Je peux t'avouer maintenant que j'étais folle d'inquiétude. L'idée qu'il nous faisait quelque chose comme...

MARGARET, *se lève vivement et va vers le lit.*

Brick, je crois que c'est le moment de faire ton cadeau... Père, voici le cadeau de Brick !

(Elle prend le paquet sous le lit et s'assied. Les enfants se précipitent sur elle et veulent saisir la boîte. Sookey, le Révérend et Edith interviennent et font sortir les enfants qui disparaissent dans le couloir avec Sookey. Grand-mère va à Margaret et prend la carte jointe au cadeau.)

GRAND-MÈRE

Quel bel anniversaire ! Une centaine de cadeaux, une montagne de télégrammes !... Qu'est-ce que tu lui offres, Brick ?

(Edith reste debout près de Margaret. Le Révérend va rejoindre le Docteur au premier plan gauche. Gooper descend vers le premier plan en regardant Brick.)

GOOPER

Je parie qu'il n'en a pas idée !

GRAND-MÈRE

Qu'est-ce que c'est ? Qu'est-ce que c'est ? J'adore les surprises. Ouvre vite, Grand-père !

(Gooper va au bar, allume une cigarette et se prépare une boisson. Grand-père va vers la porte de la véranda premier plan.)

GRAND-PÈRE

Ouvre toi-même, Ida. J'ai à parler à Brick. Brick !...

GRAND-MÈRE

Ouvre-la donc, Maggie !

GOOPER

Père t'appelle, Brick.

BRICK

Dis-lui que je suis boiteux.

GRAND-PÈRE

Je le vois fichtre bien ! Et j'aimerais savoir comment ça t'est venu.

MARGARET

Regardez la belle robe de chambre en cachemire !

(Elle la tire de la boîte et la montre.)

EDITH

Tu sembles bien surprise !

MARGARET

Mais je le suis, réellement.

EDITH

C'est trop drôle !

MARGARET

Pourquoi ?

GRAND-PÈRE, *menaçant.*

Silence !

BRICK, *en écho.*

Silence !

EDITH, *à Margaret.*

C'est toi qui l'as achetée, à Memphis, samedi dernier, chez Lowenstein.

GRAND-PÈRE

J'ai dit « silence » !

BRICK, *de même.*

Silence !

EDITH

Je l'ai su par la vendeuse : « Votre belle-sœur, m'a-t-elle dit, vient d'acheter une robe de chambre en cachemire pour le père de votre mari. »

(Grand-mère sort, sur la pointe des pieds, par la porte du fond droite, et va rejoindre Brick. Elle tient la carte à la main et essaie d'attirer l'attention de Brick.)

MARGARET

Tu as manqué ta vocation. Tu aurais fait carrière dans le contre-espionnage !

GRAND-PÈRE

SILENCE !

BRICK

Silence...

RÉVÉREND TOOKER, *termine une phrase adressée au Docteur.*

C'est une lutte de vitesse entre naissance et mort. *(Sa phrase tombe dans le silence.)* Oh ! pardon. *(Il tousse, avec gêne.)*

GRAND-PÈRE

Encore une histoire de vitraux, Révérend ?

(Margaret remet la robe de chambre dans

le carton. Edith lève les bras et fait tinter ses bracelets.)

EDITH, *au Révérend Tooker.*

Croyez-vous que les moustiques sont en forme, ce soir ?

GRAND-PÈRE

Qu'est-ce qu'elle dit, la mère de famille ?

EDITH, *a rejoint à gauche le Révérend et le Docteur.*

Je me demandais si, en allant dans la véranda, nous risquions d'être dévorés par les moustiques.

GRAND-PÈRE

Aucun danger pour vous. Votre sang les ferait crever !

GRAND-MÈRE

La semaine dernière, nous avons fait vaporiser tout le domaine par un avion. Depuis je n'en ai pas vu...

(Brick écrase d'une grande claque un moustique sur son bras.)

GRAND-PÈRE

Brick, on m'a dit que, la nuit dernière, tu sautais des obstacles sur le stade du collège ?

GRAND-MÈRE

Ton père te parle, Brick.

BRICK, *va vers Grand-père.*

Que disiez-vous, Père ?

GRAND-PÈRE

On m'a dit qu'hier soir tu sautais des obstacles.

BRICK

On m'a dit ça aussi.

GRAND-PÈRE

Des obstacles ou des filles ?

GRAND-MÈRE

Oh ! Grand-père ! *(Elle rit, un peu gênée... Edith se dirige vers le Révérend Tooker, comme pour le protéger. Grand-mère, toujours dans la véranda, va vers Grand-père qui est sur la marche, dans la chambre.)* Maintenant que tu vas bien, tu n'as plus le droit de parler...

GRAND-PÈRE

Silence !

GRAND-MÈRE

... avec cette grossièreté...

GRAND-PÈRE

Tais-toi !

GRAND-MÈRE

Et devant le Révérend...

GRAND-PÈRE

Silence ! *(Grand-mère rentre dans la chambre et rejoint Margaret près du lit.)* Tu ne voulais pas t'offrir une jolie petite gosse sur la pelouse du stade ?... *(Gooper rit. Edith est tiraillée entre le désir de le faire cesser de rire et celui de distraire l'attention du Révérend.)* C'était pas une mignonne, après qui tu courais ?...

EDITH, *entraînant le Révérend par le couloir.*

Si nous allions faire un tour dans la véranda, mon Révérend ?

GRAND-PÈRE

Au revoir, Révérend. *(A Brick.)* Hein ?... et qu'en la poursuivant tu t'es tordu le pied ? C'est pas ça ?

(Gooper rit et pose son verre sur le bar.)

BRICK

Je ne crois pas.

(Gooper sort par le couloir, puis rejoint Edith et le Révérend qui ont quitté le plateau par la véranda à droite. Le docteur Baugh est toujours au premier plan gauche. Grand-mère entraîne Margaret vers le bar. Elles bavardent ensemble. Margaret prépare une boisson.)

GRAND-PÈRE

Alors, bon Dieu de bon Dieu, qu'est-ce que tu foutais là à trois heures du matin ?

BRICK

J'essayais réellement de sauter des obstacles. Seulement ils sont devenus beaucoup trop hauts pour moi.

GRAND-PÈRE

Tu étais saoul, n'est-ce pas ?

BRICK

Naturellement, sans quoi je n'aurais pas essayé !

GRAND-MÈRE, *prenant le gâteau d'anniversaire.*

Grand-père, viens souffler les bougies de ton gâteau.

MARGARET, *descend vers Grand-père.*

Heureux anniversaire à grand-père Pollitt, pour ses soixante-cinq ans...

(Le docteur Baugh va au bar et se verse à boire.)

GRAND-PÈRE, *se retourne vers Margaret.*

J'ai dit silence. Tais-toi. Assez de foutaises !

(Margaret passe dans la véranda par la porte du fond, descend jusqu'à Brick à qui elle donne son verre.)

GRAND-MÈRE, *portant le gâteau à grand-père.*

Grand-père, je t'ai demandé de parler moins grossièrement. Un jour comme aujourd'hui...

GRAND-PÈRE

Un jour comme aujourd'hui et tous les autres jours, je parlerai comme je veux et ceux que ça dérange peuvent aller au diable !

GRAND-MÈRE

Tu ne dis pas ça sérieusement ?

GRAND-PÈRE

Qu'est-ce qui te le fait croire ?

GRAND-MÈRE

Je le sais.

GRAND-PÈRE

Tu ne sais rien. Tu n'as jamais rien su et ce n'est pas aujourd'hui que tu vas commencer !

GRAND-MÈRE

Tu plaisantes, Grand-père !

GRAND-PÈRE

Moi, pas le moins du monde. J'ai tout laissé aller dans cette maison parce que je croyais que j'allais mourir. *(Il passe derrière Grand-mère.)* Et toi aussi tu le croyais et tu t'es mise à commander. Mais c'est fini, ma bonne Ida ! Je ne vais pas mourir et tu n'as qu'à filer doux. Je n'ai rien. Absolument rien. *(Le docteur Baugh prend son verre, sort de la chambre par la porte du couloir, reparaît dans la véranda et sort à droite. Grand-père à la droite de Grand-mère.)* Avoue que tu croyais que j'avais un cancer. Hein ? sois sincère, Ida ! Avoue que tu te figurais que je mourais du cancer et que c'était à toi de régenter la maison, la plantation et tout. Je voyais ton vieux derrière trotter et s'agiter, j'entendais ta vieille voix, criarde, dans tous les coins...

(Edith et le Révérend reparaissent à droite dans la véranda.)

GRAND-MÈRE

Chut ! le Révérend !

GRAND-PÈRE

Merde pour le Révérend ! Tu m'entends ? Merde pour le Révérend et ses vitraux commémoratifs !

(Edith fait faire rapidement demi-tour au Révérend et l'entraîne en coulisse droite.)

GRAND-MÈRE

Mais qu'est-ce qui te prend, Seigneur ! Jamais je ne t'ai vu...

GRAND-PÈRE

Je me suis envoyé des dizaines d'examens et une opération pour savoir qui était le maître de cette maison, toi ou moi. Eh bien, c'est moi... encaisse ça ! C'est mon cadeau d'anniversaire... et mon gâteau et mon champagne... Ça fait trois ans que tu t'es mise, peu à peu, à régenter, à commander, à promener ton vieux derrière dans tous les coins ! Ça suffit. Je suis chez moi. C'est moi qui ai fait cette plantation ! *(Il descend au premier plan et face au public.)* Je n'étais qu'un régisseur. J'étais le régisseur de la vieille plantation de Straw et Ochello. J'ai quitté l'école à dix ans. J'ai quitté l'école à dix ans et je me suis mis à travailler dans les champs, comme un nègre. Et je suis arrivé à être le régisseur de la vieille plantation de Straw et Ochello. Et le vieux Straw est mort et je suis devenu l'associé d'Ochello et la plantation s'est étendue de plus en plus. Elle a grandi, grandi, grandi, de plus en plus. Et j'ai fait ça tout seul, sans que tu m'aides en rien et tu te crois juste au bord de mettre la main sur tout ? Eh bien, je veux te dire que tu es juste au bord de rien du tout, Ida. C'est clair ? Tu as compris ? J'ai dû subir à la clinique tous ces damnés examens de laboratoire *(il remonte à la droite de Grand-mère)* et cette opération et je n'ai rien, rien que des spasmes du côlon... spasmes qui me sont venus de tous les foutus mensonges et tous les foutus menteurs que j'ai dû supporter depuis plus de quarante ans que je vis avec toi ! Et maintenant, vas-y, souffle tes bougies, Ida ! Souffle les foutues bougies de ce foutu gâteau !

GRAND-MÈRE

Alors, tu n'as pas cru... pendant toutes ces années, tu n'as donc jamais cru que je t'aimais ?

GRAND-PÈRE

Hum !

GRAND-MÈRE

Je t'ai aimé, je t'ai toujours aimé ! J'aimais jusqu'à ta haine et ta dureté !

(En coulisse (fond à droite) les ouvriers agricoles commencent à chanter « She came to my window ».
Grand-mère, refoulant ses larmes, et le gâteau toujours dans les mains, sort par la porte de la véranda fond droite puis disparaît à droite.)

GRAND-PÈRE, *à part.*

C'est peut-être vrai, après tout ! *(Il se tourne vers la porte de la véranda premier plan.)* Brick, eh, Brick ! *(Margaret vient à la porte de la véranda premier plan.)* C'est pas toi que j'appelle, c'est Brick !

MARGARET

Je vous le transmets, Grand-père.

(Elle entraîne Brick vers la porte, lui donne un baiser, remonte vers la porte du fond et sort par la véranda à droite. Brick, près du divan, s'essuie les lèvres pour effacer le baiser de Margaret.)

GRAND-PÈRE

Pourquoi fais-tu ça ?

BRICK

Quoi, Père ?

GRAND-PÈRE

T'essuyer la bouche.

BRICK

J'en sais rien. Un geste inconscient.

GRAND-PÈRE

Ta femme est rudement mieux que celle de Gooper.

(La chanson s'éteint en coulisse.)

BRICK

Ah ! oui ? Je trouve qu'elles se ressemblent.

GRAND-PÈRE

Maggie est autrement mieux balancée que l'autre.

BRICK

Je parle d'une ressemblance profonde, essentielle, celle qu'il y a, par exemple, entre deux animaux de même espèce.

GRAND-PÈRE

Peut-être... Alors, c'est drôle !

BRICK

Qu'est-ce qui est drôle ?

GRAND-PÈRE

Que deux types aussi différents que toi et Gooper ayez pris en mariage deux filles de la même espèce.

BRICK

C'est que nous les avons prises toutes deux dans le même monde.

GRAND-PÈRE

En tout cas, ces deux filles ont le même air soucieux. Pourquoi sont-elles soucieuses ?

BRICK

Mais parce qu'elles sont toutes deux installées au milieu de quatorze mille hectares. Quatorze mille hectares, c'est un beau lopin de terre, alors elles sont en train de se le partager.

(Edith paraît dans la véranda à droite et écoute.)

GRAND-PÈRE

Partager ? Une minute ! Elles seront ridées comme deux vieilles pommes avant ce partage-là !

BRICK

Bien, Grand-père. Tenez bon, laissez-les se crêper le chignon.

GRAND-PÈRE

Tu parles que je tiens bon !... Tout de même la femme de Gooper est une sacrée pondeuse ! Quelle marmaille, bon Dieu ! Ce soir, à dîner, il y en avait partout, il a fallu qu'on mette deux rallonges à la table... Cinq gosses, pense donc !

BRICK

Presque six.

GRAND-PÈRE

C'est vrai, oui, bientôt six. Elle est inépuisable !

GOOPER, *en coulisse, fond droite.*

Edith ! Eh, Edith !

(Edith cachée dans la véranda supérieure essaie de le faire taire.)

GRAND-PÈRE

Il y a quelqu'un dans la véranda ? *(A Brick.)* Gooper ? *(Il appelle :)* Gooper !

(Edith fait irruption dans la chambre et va droit à Grand-père.)

EDITH

Vous avez besoin de Gooper, Grand-père ?

GRAND-PÈRE

Je n'ai pas besoin de Gooper et je n'ai pas besoin de toi ! *(Il la repousse vers la porte donnant sur l'entrée, au fond.)* J'ai besoin de parler ici, tranquillement, avec Brick. Et je laisse les portes ouvertes à cause de la chaleur. S'il faut que je les ferme pour parler avec Brick, dis-le, je les fermerai. Je veux être tranquille et je n'aime pas les espions...

EDITH

Mais, Père, je ne...

GRAND-PÈRE

Je t'ai vue : la lune était juste derrière toi. J'ai vu ton ombre dans la pièce.

EDITH

J'étais simplement là...

GRAND-PÈRE

Tu étais là pour espionner et tu le sais !

EDITH, *reniflant et laissant échapper un sanglot.*

Oh ! Père, comment pouvez-vous être si dur avec ceux qui vous aiment !

GRAND-PÈRE, *tout en poussant Edith le long de la véranda et la faisant sortir à droite.*

La ferme, la ferme, la ferme ! D'abord, je vais vous déménager de la chambre voisine. Ce qui se passe ici entre Brick et Maggie ne vous regarde pas. Vous écoutez la nuit ce qui se dit dans cette chambre et après vous allez moucharder à Grand-mère. Et Grand-mère vient me trouver : « Ils disent ceci et cela et patati et patata... » et ça me fait mal au cœur ! Je vais vous déménager de cette chambre tous les deux. Je n'ai jamais pu supporter le mouchardage. Ça me fait vomir !

(Pendant cette sortie Brick est allé au bar. Grand-père rentre dans la chambre par la porte de la véranda au fond.)

BRICK

Alors, ils nous écoutent ?

GRAND-PÈRE

Ils n'en perdent pas une miette. Grand-mère s'arrache les cheveux parce que Maggie et toi vous ne couchez pas ensemble. C'est vrai que tu couches sur le divan ?... Si Maggie ne te plaît pas, il faut la fiche en l'air... Qu'est-ce que tu fabriques ?

BRICK

J'emplis mon verre.

GRAND-PÈRE

Encore ! Sérieusement, tu bois trop.

BRICK, *descend au premier plan, face au public.*

Oui, Père, je le sais.

GRAND-PÈRE

Tu sais aussi que ça t'a fait perdre ta place de radio-reporter ?

BRICK

J'imagine que c'est ça.

GRAND-PÈRE

Faut pas imaginer, faut savoir.

BRICK, *jette un regard vague à droite, par-dessus son épaule.*

Je le sais.

GRAND-PÈRE

Écoute-moi bien, Brick... et cesse de regarder ce sacré lustre. *(Un silence.)* Encore une occasion que Grand-mère a rapportée de la liquidation des stocks européens. *(Un temps.)* Écoute-moi, mon garçon. C'est important, la vie. Il faut s'y cramponner. D'ailleurs, il n'y a rien d'autre. Et toi, tu lâches tout. Ça lâche tout, un buveur. *(Brick va vers le divan.)* Accroche-toi à la vie, il n'y a pas autre chose à quoi s'accrocher... Brick...

BRICK, *s'assoit sur le divan.*

Oui ?

GRAND-PÈRE, *tousse.*

Ouf ! Ce cigare me flanque la nausée... *(Pose le cigare dans un cendrier sur le bar.)* Pourquoi exactement as-tu quitté ta place ? Tu as eu un ennui ?

BRICK

Je ne sais pas, et vous ?

GRAND-PÈRE, *avance d'un pas vers la droite.*

C'est à toi que je le demande. Comment veux-tu que je le sache ? *(En coulisse (gauche) une pendule sonne onze heures.)* Pourquoi est-il si difficile de s'expliquer ?

BRICK

Oui... *(Écoutant la pendule.)* La voix même de la paix, qui sort de cette pendule. Je l'écoute souvent la nuit.

GRAND-PÈRE, *prend la béquille de Brick qui est appuyée sur le canapé et se tourne vers le centre.*

Nous l'avons rapportée d'Europe, elle aussi. Un de ces voyages sinistres dont Cook a le secret ! Quel sale souvenir, Brick ! Les grands hôtels vous volent comme au coin d'un bois. Et puis il y avait ta mère : ce qu'elle a pu acheter dans ce sacré pays ! De quoi emplir au moins deux wagons de marchandises ! Partout où elle passait, mon cher, elle raflait tout. La moitié de ses emplettes est restée dans les caisses, en bas, dans le sous-sol. Au printemps dernier, tout a été inondé !... Cette Europe n'est rien d'autre qu'une vente aux enchères, voilà tout ce que c'est, ce tas de vieux endroits usés, finis, une gigantesque vente aux enchères après incendie, une énorme fichaise. Ta mère s'est mise à acheter, acheter à tour de bras. Heureusement que je suis riche ! *(Il va à Brick.)* Est-ce que tu sais, Brick, combien ton père est riche ?... Devine... Dis un chiffre... Tout près de dix millions de dollars en espèces, sans compter tout un tas de bonnes vieilles valeurs, sans compter quatorze mille hectares des terres les plus riches d'ici à la vallée du Nil !... Mais la vie, Brick, la vie, ça ne s'achète pas. C'est même la seule chose qu'on ne puisse pas s'acheter, pas plus à cette vente aux enchères d'Europe que sur le marché américain, ou sur n'importe quel autre marché au monde. Personne ne peut acheter ni racheter sa vie quand elle est épuisée... Voilà une pensée qui dégrise, pas vrai ? une pensée très dégrisante et je te prie de croire que, jusqu'à aujourd'hui, elle m'a souvent fait froid dans le dos... Mais c'est très bien ainsi : il fallait que je passe par où je suis passé. J'ai appris des tas de choses... Tiens, encore un souvenir qui me revient, de cette Europe.

BRICK, *absent.*

Un souvenir, Père ?

GRAND-PÈRE, *face au premier plan, appuyé sur la béquille.*

Ces collines d'Espagne, autour de Barcelone, ces collines pelées pleines de gosses affamés, et qui fonçaient sur nous en hurlant comme des chiens ! Et pendant ce temps-là, les rues de Barcelone étaient pleines de prêtres, toute une armée de prêtres bien gras et si aimables !... Pense que je pourrais nourrir tout ce pays !

Seulement, la bête humaine est une bête égoïste et je ne crois pas que l'argent que j'ai donné à ces gosses, autour de Barcelone, suffirait à recouvrir une des chaises de cette chambre... *(Va vers un siège à droite et le frappe avec la béquille, se retourne vers le premier plan.)* Et quand je dis recouvrir, j'entends : retapisser, et non couvrir de dollars !... Je leur ai jeté de l'argent comme on jette le grain dans une basse-cour, je leur ai jeté de l'argent pour me débarrasser d'eux, puis j'ai regrimpé à toute vitesse dans la voiture... *(Un petit temps.)* Et le Maroc !... Autre farce ! Ces Arabes rapaces... Tu sais qu'on prostitue les filles, là-bas, dès leur enfance ? Oui, dès quatre ou cinq ans ! Je me souviens de Marrakech, cette vieille ville enfermée dans des murailles rouges... Je m'étais assis à l'ombre pour fumer un cigare. Cette chaleur qu'il faisait !... Il y avait là une femme arabe qui me regardait si fixement que ça me gênait... Debout en plein soleil, les pieds dans la poussière, elle ne me quittait pas de l'œil... Et elle avait dans ses bras une petite fille toute nue, une gosse de quatre ou cinq ans, toute nue, dans ses bras. Elle lui a chuchoté quelque chose à l'oreille et l'a poussée vers moi. L'enfant est venue, roulant sur ses petites jambes, et crois-le si tu veux, sitôt près de moi, elle vous a eu un de ces gestes... de putain... Ça me soulève le cœur de me rappeler ça !... *(Il se tourne vers l'arrière-plan gauche et fait un grand geste avec la béquille.)* Je suis rentré à l'hôtel et j'ai dit à ta mère : « Fais les valises, Ida !... *(Grand-mère paraît dans la véranda premier plan droite, écoute un instant puis sort, premier plan droite.)*... Nous foutons le camp de ce pays ! »

BRICK

Vous êtes bavard, ce soir, Père !

GRAND-PÈRE

L'homme est le seul animal qui sache qu'il doit mourir, mais ça ne le rend pas plus doux, ni plus pitoyable...

(Il jette la béquille sur le lit.)

BRICK, *doucement.*

Doucement, eh, ma béquille !

GRAND-PÈRE

Quoi ?

BRICK

Passez-moi ma béquille, je voudrais me lever.

GRAND-PÈRE

Pour quoi faire ?

BRICK

Un petit tour du côté de la « Source ».

GRAND-PÈRE, *prend la béquille et la donne à Brick.*

La « Source » ?

BRICK, *se lève.*

Le bar.

(Il va vers le bar.)

GRAND-PÈRE, *arrêtant Brick.*

Oui, mon garçon, la bête humaine doit mourir et qu'est-ce qu'elle fait contre ça ? Je vais te le dire. Sitôt qu'elle a un peu d'argent, elle achète, achète et achète... Pourquoi ? tu demandes. Mais parce qu'elle se figure qu'au milieu de cette montagne de choses qu'elle a achetées, il y a la vie éternelle ! — en quoi elle se trompe !

BRICK, *reprend son chemin vers le bar.*

Vous êtes plus que bavard, vous êtes intarissable !

GRAND-PÈRE

Eh ! je me venge du silence de tous ces derniers jours... Tu penses si j'avais un poids sur l'estomac ! Et tout à coup, plus rien, léger comme une plume ! Ce n'est plus le même ciel, ce n'est plus le même monde ! Et je parle, à m'en saouler ! Ça fait du bien de parler !

BRICK, *au bar ; il tient une bouteille au-dessus de son verre.*

Moi, ce qui me fait du bien, c'est le silence complet.

GRAND-PÈRE

Le silence ?

BRICK

Oui. *(Il verse du whisky dans son verre.)* Total. *(Il verse.)* Sans un bruit, sans un son. *(Il verse.)*

GRAND-PÈRE

Ce silence-là, mon garçon, tu l'entendras un jour, plus tôt et plus longtemps que tu ne le souhaites.

BRICK

Bon. Vous avez tout dit ?

GRAND-PÈRE

Tu es si pressé que je me taise ?

BRICK, *se tourne vers lui.*

Chaque fois que vous me demandez de parler avec vous, il ne se passe rien. Vous dites des tas de choses et j'ai l'air d'écouter, enfin, je fais de mon mieux pour prendre cet air-là. C'est impossible, Père, d'échanger quoi que ce soit avec qui que ce soit, et vous le savez bien.

GRAND-PÈRE

As-tu jamais eu peur ? Je veux dire : une terreur panique ? *(Il jette un coup d'œil dans le couloir et revient à la droite de Brick.)* Eh bien, moi, je l'ai eue ! Oui, j'ai vraiment senti peser sur mon épaule la main de la mort.

BRICK

Personne ne l'aurait cru.

GRAND-PÈRE

Un cochon pousse des cris, un homme se tait. Quoique, à bien des égards, sachant qu'il doit mourir, cet homme soit plus mal loti que le cochon. L'homme est le seul être au monde qui s'attende à la mort. Le cochon la voit venir à la dernière minute et il pousse des cris ; l'homme se tait... si c'est un homme fort... Cela dit, je me demande...

BRICK

Quoi donc, Père ?

GRAND-PÈRE

Si un whisky à l'eau ferait tort à mon côlon... spasmodique.

BRICK

Au contraire.

(Il verse un whisky.)

GRAND-PÈRE, *un pas vers la droite premier plan.*

Si tu savais, mon gars, comme le ciel se dégage ! A quel point notre ciel se dégage, se dégage !...

BRICK

Ça va mieux, on dirait.

GRAND-PÈRE

« Mieux », dit le jeune Pollitt ! Ça va foutrement bien. Toute ma vie, tu comprends, j'ai serré le poing... pour cogner, pour écraser ! Et voilà que l'envie me prend d'ouvrir ce poing, d'en faire une main, qui touche aux choses, très doucement. *(Brick va à Grand-père et lui tend son verre de whisky. Il le prend.)* Sais-tu ce que j'ai en tête ? dans le crâne ?

BRICK

Non, Père.

GRAND-PÈRE

Le plaisir ! Ça t'épate. Celui que donnent les femmes. Qu'est-ce que tu dis de ça ? J'ai soixante-cinq ans et je désire les femmes.

(Il boit.)

BRICK

Je trouve ça très remarquable.

GRAND-PÈRE

Remarquable ?

BRICK, *va vers le divan.*

Admirable !

GRAND-PÈRE, *suivant Brick.*

Remarquable et admirable, tu as raison, mon gars. J'ai du retard, tu comprends, je n'ai pas eu mon compte. J'ai laissé des tas d'occasions me passer sous le nez. Et pourquoi ? Par scrupule. Scrupules, convenances, foutaises ! Tout ça, c'est de la foutaise. Et je n'en savais rien. Il a fallu le vent de la mort pour que je m'en rende compte. Mais, maintenant que la mort est loin et que je me retrouve à quai, je vais me payer une de ces... comment dit-on ? tournées ?

(Le téléphone sonne en coulisse gauche.)

BRICK

Une bordée ?

(Le téléphone sonne toujours.)

GRAND-PÈRE

C'est ça, une bordée, une bordée ! *(Le téléphone sonne toujours.)* Foutre : j'ai couché avec ta mère jusqu'à, voyons... il y a cinq ans, oui. J'avais soixante ans et elle cinquante-huit. Et jamais, je te jure, jamais elle ne m'a plu.

(Grand-mère arrive en courant dans la véranda, entre par la porte premier plan droite.)

GRAND-MÈRE

Vous n'entendez pas le téléphone ? Il faut que je me dérange.

(Elle s'approche de Grand-père et pose un petit baiser sur ses lèvres.)

GRAND-PÈRE

Si ça te dérange tellement, pourquoi fais-tu le long tour en passant par ici ? *(Grand-mère rit et sort par le couloir. Grand-père fait quelques pas derrière et la suit du regard.)* Quand Grand-mère quitte une pièce et que je la vois de dos, j'oublie la tête qu'elle a...

GRAND-MÈRE, *en coulisse, au téléphone.*

Allô...

GRAND-PÈRE

Mais quand elle revient, et que je retrouve sa tête, j'aime encore mieux son dos !...

GRAND-MÈRE

Allô, Miss Sally !

(Brick va vers la porte de la véranda premier plan droite.)

GRAND-PÈRE

Eh, là-bas ! Où vas-tu ?

BRICK

Prendre l'air.

GRAND-PÈRE

Une minute. Nous n'avons pas fini.

BRICK

Ah ! pardon, je croyais.

(En coulisse, la pendule sonne un coup.)

GRAND-PÈRE

Nous n'avons même pas commencé !

VOIX DE GRAND-MÈRE

Je vous entends, Miss Sally !

BRICK

Je voulais respirer la fraîcheur du fleuve.

GRAND-PÈRE

Tout à l'heure. Viens ici !

BRICK

Très bien, Père.

(Il revient dans la chambre.)

VOIX DE GRAND-MÈRE

Il faut venir bientôt, Miss Sally. Grand-père meurt d'envie de vous voir !

GRAND-PÈRE, *hurlant.*

Merde !

(Pose son verre sur le bar.)

VOIX DE GRAND-MÈRE

Oui, oui, au revoir, Miss Sally !

(Grand-mère paraît à la porte du couloir et se tient derrière Grand-père qui s'adosse à la porte.)

GRAND-MÈRE

C'était Miss Sally.

GRAND-PÈRE

Ne repasse pas par ici.

GRAND-MÈRE

Elle a téléphoné à son docteur à Memphis pour savoir ce que c'est que des spasmes du côlon ! Puis elle nous a appelés pour dire qu'elle est bien soulagée...

(Elle entre dans la chambre.)

GRAND-PÈRE

Je t'ai dit de ne pas repasser par ici !

GRAND-MÈRE

Je m'en vais tout de suite. *(Fredonnant.)* Tout de suite, je disparais, je disparais... *(Elle va jusqu'au lit, où le cadeau de Brick est resté.)* Dis-moi que tu ne pensais pas les choses que tu m'as dites. *(Elle prend le carton.)* Toutes ces choses horribles ! N'est-ce pas, Grand-père, n'est-ce pas ? Non, tu ne le pensais pas. Je le sais bien, mon chéri... Oui, oui, je disparais, je disparais...

(Grand-père grogne. Elle passe dans la véranda, le carton sous le bras, chantonnant toujours, et sort par la droite.)

GRAND-PÈRE, *descend vers le centre, face au public.*

Elle sait que je ne l'encaisse pas et qu'elle me fait vomir : elle ne veut pas l'admettre. C'est de ma faute, d'ailleurs. Il y a belle lurette que j'aurais dû cesser de coucher avec elle. Mais je faisais bien l'amour et elle est insatiable. Mais que de temps perdu ! Si c'est vrai ce qu'on dit, qu'on n'a qu'un certain nombre de fois à faire l'amour, il ne m'en reste plus guère, mais celles-là, je les réserve. Je te vas choisir une fille à qui les distribuer, une fille de première ! Tant pis pour la dépense ! Je la couvrirai de visons. Je la mettrai toute nue, je la couvrirai de visons, je l'étoufferai de diamants. Je la flanquerai à poil et je l'étoufferai de diamants et je la couvrirai de visons. Et alors, en avant ! De neuf heures du soir au petit déjeuner ! *(Se tourne vers Brick.)* Oui, Brick, je suis heureux. Je suis heureux, mon fils, heureux, heureux, heureux !

(Brick se lève et se dirige vers le bar.)

GRAND-PÈRE

Pourquoi bouges-tu tout le temps ? Tu as des fourmis dans ta culotte ?

BRICK

Oui, Père.

GRAND-PÈRE

Et pourquoi ?

BRICK

Il me manque quelque chose.

GRAND-PÈRE

Quoi ?

BRICK

Le... clic.

GRAND-PÈRE

Le clic ? Quel clic ?

BRICK

Un petit claquement sec dans le fond de ma tête, qui me donne la paix.

GRAND-PÈRE

Qu'est-ce que tu me chantes là ?

BRICK

C'est purement mécanique.

(Il boit.)

GRAND-PÈRE

Qu'est-ce qui est mécanique ?

BRICK

Ce petit claquement sec qui me donne la paix. Je suis forcé de boire jusqu'à ce que ça se déclenche. Oui, purement mécanique, comme un... comme un... *(Il boit.)*

GRAND-PÈRE

Comme un... quoi ?

BRICK, *porte son verre à son front.*

Comme un commutateur, qui éteint dans ma tête une lumière étouffante et allume une lumière nouvelle, toute fraîche, et alors, j'ai la paix.

GRAND-PÈRE

Tu en es là, vraiment ? Mais tu es alcoolique !

BRICK

Oui, je suis alcoolique.

GRAND-PÈRE

Et je ne m'en doutais pas ! Incroyable ce que j'ai pu laisser aller les choses !

BRICK

Il faut absolument que j'entende ce petit clic pour me sentir en paix. *(Il va au bar.)* D'ordinaire, ça vient plus tôt, quelquefois vers midi, mais aujourd'hui, c'est long... *(Il se verse à boire.)* Question de dosage, sans doute. Je n'ai pas encore assez d'alcool dans le sang. *(Il boit.)*

GRAND-PÈRE

C'est l'obsession de la mort qui m'a rendu aveugle. J'ai eu beau voir mon fils devenir un ivrogne, je n'en savais rien, parole !

BRICK

Eh bien, vous le savez. La chose a pu enfin entrer en vous.

GRAND-PÈRE

Parfaitement exact. La chose, comme tu dis, vient d'entrer en moi.

BRICK

Vous m'en voyez ravi. Maintenant excusez-moi...

GRAND-PÈRE

Non, reste ici.

BRICK

Il vaudrait mieux que je sois seul. Le clic se fait de lui-même, mais le silence l'aide beaucoup, la solitude aussi.

GRAND-PÈRE, *va à Brick.*

Tu auras le temps, je t'ai dit, d'être seul et silencieux jusqu'à la fin des siècles. Pour le moment je te parle, et j'entends que tu me répondes. Assieds-toi et ne bouge plus, avant que je te dise que la conversation est terminée.

BRICK

Mais cette conversation va faire comme toutes les autres, toutes ces conversations que nous avons, vous et moi, depuis des années : elle ne mènera à rien, absolument à rien. C'est pénible, vous savez.

GRAND-PÈRE

Très bien, ce sera pénible.

(Grand-père arrache la béquille de dessous le bras de Brick. La béquille tombe. Grand-père pousse Brick sur le canapé. Brick se cramponne à son verre.)

BRICK

Je peux sauter à cloche-pied.

GRAND-PÈRE

Tu tomberas.

BRICK

Je peux ramper.

GRAND-PÈRE

Si je n'y mets pas bon ordre, tu ramperas en effet, hors de cette plantation et alors, nom d'une pipe ! toi et ta boisson, vous ferez une drôle de culbute !

BRICK

Ça viendra, en effet.

GRAND-PÈRE

Non, ça ne viendra pas. Mes affaires sont en ordre, je vais m'occuper des tiennes.

BRICK

A quoi bon ?

(Il veut se lever.)

GRAND-PÈRE, *l'oblige à se rasseoir.*

Reste là.

BRICK, *même jeu.*

Je ne peux pas.

GRAND-PÈRE, *même jeu.*

Assis, fils de putain !

BRICK

Je ne peux pas, je vous dis. Nous parlons, vous parlez... et nous tournons en rond ! Vous n'avez rien à me dire.

(Grand-mère paraît dans la véranda à droite et écoute.)

GRAND-PÈRE

Comment, rien à te dire ! Je te dis que je vais vivre et que j'ai cru mourir !

BRICK, *avec déception.*

Ah, c'est ça !

GRAND-PÈRE

Oui, salaud ! Ça n'est pas important ?

BRICK

Eh bien, vous l'avez dit. Et maintenant... *(Veut se lever.)*

GRAND-PÈRE, *le repousse sur le canapé.*

Reste assis !

BRICK

Oh, vous embrouillez tout.

GRAND-PÈRE

Quoi ?

BRICK

Vous embrouillez tout.

(Se lève.)

GRAND-PÈRE, *même jeu.*

Tu me juges, ivrogne !

BRICK

Père...

GRAND-PÈRE

Tu sauras qu'à présent, c'est moi qui tiens les commandes !

GRAND-MÈRE, *s'avance.*

Père... écoute-moi...

GRAND-PÈRE, *remonte vers Grand-mère.*

Qu'est-ce que tu fous là, toi ?

(Brick, libéré, pose son verre sur le divan et cherche à reprendre sa béquille.)

GRAND-MÈRE

Ah, ne crie pas comme ça, à la fin ! Je te jure...

GRAND-PÈRE

Fiche-moi le camp d'ici !

(Il se retourne et voit Brick, qui a ramassé sa béquille, clopiner vers la porte de la véranda premier plan droite. Il bondit vers lui, arrache la béquille. Brick tombe sur le ventre dans la véranda. Grand-mère pousse un cri et veut aller à lui.)

GRAND-PÈRE

Laisse-le se débrouiller !

(Grand-mère, désolée, hésite, puis sort à droite.)

BRICK

Seigneur !

GRAND-PÈRE, *dans l'encadrement de la porte, premier plan.*

Seigneur ! Oui, comme tu dis.

BRICK

Donnez-moi ma béquille !

GRAND-PÈRE

Minute ! Pourquoi bois-tu ?

BRICK

Sais pas... Donnez-moi ma béquille !

GRAND-PÈRE

Pourquoi est-ce que tu bois ?

BRICK

Donnez-moi ma béquille, Père, s'il vous plaît.

GRAND-PÈRE

Non, réponds-moi d'abord. Pourquoi est-ce que tu bois ? Pourquoi est-ce qu'en buvant tu te soulages de ta vie, tu rejettes ta vie comme une chose immonde, une ordure ? Réponds !

BRICK, *se met à ramper en direction du divan, où son verre est resté.*

Laissez-moi ! Je viens de cogner mon pied blessé. Ça me fait très mal.

GRAND-PÈRE, *fait tomber le verre par terre.*

Souffre, mon garçon ! Ça prouve au moins que l'alcool ne t'a pas complètement endormi !

BRICK

Vous avez renversé mon verre.

GRAND-PÈRE

Je t'en donne un autre, si tu réponds à ma question. Je te verserai moi-même ta ration de whisky.

BRICK

Pourquoi je bois ?

GRAND-PÈRE

Pourquoi tu bois.

BRICK

D'accord. Donnez-moi le verre et je vous le dirai.

GRAND-PÈRE

Dis-le d'abord.

BRICK

Ça tient en un mot : par dégoût. *(La pendule sonne deux coups. Brick se met péniblement debout.)* Et maintenant, ce verre !

GRAND-PÈRE

Mais qu'est-ce qui te dégoûte ? Dis-le, sans quoi tu ne dis rien.

BRICK

Passez-moi ma béquille...

GRAND-PÈRE

Dis-moi pourquoi tu bois.

BRICK

Je vous ai répondu : pour tuer mon dégoût !

GRAND-PÈRE

Ton dégoût de quoi ?

(Exténué, Brick trébuche sur la marche de la véranda et tombe dans les bras de Grand-père.)

BRICK

Vous êtes trop dur !

GRAND-PÈRE, *le soutient et, avec douceur :*

Tu as tellement besoin de boire ?

BRICK, *se cramponnant à lui.*

Encore plus que ça.

GRAND-PÈRE

Bon, je te donne un verre. Mais il faut que tu me répondes.

BRICK

Oui, Père, j'essaierai. *(Grand-père l'aide à s'asseoir sur le divan. Au loin, trois cris de faucon. Il prend la béquille et la donne à Brick.)* Savez-vous ce que c'est que la dissimulation ?

GRAND-PÈRE

A peu près, oui, je crois. Ça veut dire le mensonge et les menteurs, n'est-ce pas ?

BRICK

Exactement, Père, le mensonge et les menteurs.

GRAND-PÈRE

Quelqu'un t'a menti ?

(Gooper entre dans la véranda à droite. Entrent, sur la pelouse, en procession, précédés de Edith, Sonny, battant du tambour, puis Buster, Dixie et Trixie, qui brandissent de petites lampes électriques.)

EDITH et LES ENFANTS, *encouragés par Gooper, et psalmodiant.*

Grand-pè... ère ! Grand-pè... ère !

(Ils s'arrêtent au milieu de la pelouse et continuent à crier. Gooper entre rapidement dans la chambre.)

GOOPER

Père, les gosses vous réclament !

GRAND-PÈRE, *va à lui.*

Va-t'en, Gooper !

GOOPER

Oh, pardon !

(Gooper fait signe à Edith d'emmener les enfants. Ils partent sans bruit. Gooper sort par la véranda à pas lents. Grand-père va au bar et prépare une boisson pour Brick.)

GRAND-PÈRE

Qui t'a menti ? Ta femme ? Margaret t'a menti ?

BRICK

Non, elle, ça ne compterait pas.

GRAND-PÈRE

Alors qui, et pourquoi ?

BRICK

Il s'agit d'un tas de gens et d'un tas de mensonges.

GRAND-PÈRE

De qui, à propos de quoi ?

BRICK, *se frottant la tête.*

C'est tout... tout l'ensemble...

GRAND-PÈRE, *va vers lui, le verre à la main.*

Tu as mal à la tête ?

BRICK

Non, j'essaie de...

GRAND-PÈRE, *lui tend le verre.*

De quoi ? de te concentrer ? Mais tu n'y arrives pas ? Ton cerveau sue l'alcool ! Tu as le cerveau qui trempe dans un bain d'alcool !... D'abord, qu'est-ce que tu sais de la dissimulation ? Moi, oui, je connais ça. Je pourrais écrire un livre ! *(Quelques pas vers le centre.)* J'écrirais tout un livre sans épuiser le sujet ! Je te jure, je le pourrais ! Je pourrais écrire là-dessus tout un sacré livre, sans même commencer à épuiser le sujet ! Quand je pense aux mensonges que j'encaisse chaque jour, à tous ces faux-semblants ! C'est ça la dissimulation, non ? Feindre toutes sortes de choses qu'on ne sent pas, qu'on ne pense pas ? Faire semblant, par exemple, depuis plus de quarante ans, d'aimer Grand-mère, quand je ne peux pas souffrir sa vue, ni son odeur... sans parler de sa voix !... Et aller à l'église, où je m'ennuie à crever ! Eh bien, j'y vais pourtant, et je feins d'écouter ce crétin de pasteur ! *(Se tourne vers Brick.)* Toi, je ne sais pas pourquoi, je t'aime bien. Sincèrement. J'ai toujours eu pour toi je ne sais quel sentiment... d'affection... d'intérêt... Bizarre, mais c'est comme ça ! *(Il va à lui.)* Je me suis toujours arrangé pour vivre avec la dissimulation. Tu ne peux pas faire comme moi ? D'ailleurs, il le faut bien : on ne peut pas vivre sans elle.

BRICK

Si, Père. On peut vivre avec autre chose.

GRAND-PÈRE

Avec quoi ?

BRICK, *levant son verre.*

Avec ça !

GRAND-PÈRE

On ne vit pas avec ça, on évite de vivre.

BRICK, *il boit.*

Justement !

GRAND-PÈRE

Justement ! Alors, suicide-toi !

BRICK

Oh, mais non : j'aime boire.

GRAND-PÈRE

Y a rien à faire.

BRICK

Non, rien, je le regrette.

GRAND-PÈRE

Pas tant que moi. Je vais te dire une chose. Il n'y a pas longtemps, quand je me croyais fichu, avant de savoir que je n'avais rien à part ces... spasmes du côlon... je me suis demandé si, oui ou non, je te laisserais la plantation. Je déteste Gooper et cette garce d'Edith et leurs cinq petits singes braillards et mal élevés ! Pourquoi diable laisser quatorze mille hectares de la terre la plus belle d'ici la vallée du Nil à cette bande de macaques qui ne m'est rien du tout ? Mais, d'un autre côté, pourquoi faire ce cadeau à un imbécile d'ivrogne ? Que je l'aime bien ou non, et même si je l'aime tout court ? Pourquoi récompenser la bêtise, la veulerie, la lâcheté d'un ivrogne ? *(Quelques pas vers le centre.)* Je te parle carrément : je n'ai pas fait de testament. D'ailleurs, ça ne presse plus ! J'ai bien le temps, Dieu merci ! *(Il va à Brick.)* Oui, j'ai le temps de voir si tu vas te ressaisir.

BRICK

Très juste, Père, très sage.

GRAND-PÈRE

Tu crois que je plaisante ?

BRICK, *se levant.*

Mais pas du tout, Père.

GRAND-PÈRE

Et ça t'est bien égal ?...

BRICK, *va vers la porte véranda, premier plan.*

Oui, Père, tout à fait...

GRAND-PÈRE

Attends, Brick, attends ! *(Il rejoint Brick et face à lui.)* Il faut en finir. Nous ne pouvons pas lâcher, comme nous faisons chaque fois, éviter d'aller jusqu'au fond des choses, je ne sais pour quelles raisons plus ou moins idiotes... On croirait, ma parole, que nous ne pouvons, ni toi ni moi, vider notre sac, que nous n'en avons pas le courage... ni l'honnêteté...

BRICK

Je ne vous ai jamais menti.

GRAND-PÈRE

Et moi, je t'ai menti ?

BRICK

Non, Père.

GRAND-PÈRE, *pose sa main sur le bras de Brick.*

Très bien. Ça fait tout de même deux types francs dans la famille. Alors, continuons.

BRICK

Mais nous nous sommes tout dit.

GRAND-PÈRE

Pas trop vite. Voyons : tu bois pour étouffer ton dégoût du mensonge ?

BRICK

C'est pas une bonne raison ?

GRAND-PÈRE

L'alcool est la seule chose qui puisse te venir en aide ?

BRICK

Maintenant, oui.

GRAND-PÈRE

Et jadis ?

BRICK

Non, pas quand j'étais jeune et que j'avais la foi. Un buveur, c'est quelqu'un qui tâche d'oublier qu'il a cessé d'être jeune et qu'il ne croit plus à rien.

GRAND-PÈRE

Mais à quoi croyais-tu ?

BRICK, *un pas vers la porte.*

Je croyais...

GRAND-PÈRE, *le retient.*

Mais à quoi ?

BRICK

Je croyais...

GRAND-PÈRE

Je n'arrive pas à comprendre ce que tu entends par croire. Est-ce que tu le sais toi-même ? Si tu aimes tant le sport, retourne à ton reportage, et...

BRICK

Me refourrer dans cette boîte, dans cette cage de verre, pendant que les autres courent, et se battent, et triomphent ? Regarder faire les autres et sentir, à les voir, que j'ai perdu cette chose, que j'ai perdu cette grâce qui s'appelle la forme ? Et, pour endurer cela, boire du coca-cola mélangé de whisky ? Non, Père, non, Père, ça ne vaut plus la peine... Le temps est un coureur qu'on ne rattrape pas, Père... il m'a lâché au train.

(Un temps.)

GRAND-PÈRE, *tourné vers lui.*

Tu passes parole, Brick.

BRICK

Peut-être... Avez-vous connu beaucoup d'alcooliques ?

GRAND-PÈRE

Un certain nombre. Pourquoi ?

BRICK

Est-ce qu'un seul d'entre eux a jamais pu vous dire pourquoi il buvait ?

GRAND-PÈRE

Oui, Brick, tu passes parole. Tu prends la tangente. Tes histoires de temps, de dégoût du mensonge, fichaises, mon bon, fichaises ! Je ne marche pas.

BRICK

Oh, je vous ai dit ça pour avoir mon verre.

GRAND-PÈRE

Quoi ?

BRICK

Je dis que je vous ai dit ça pour avoir mon verre.

GRAND-PÈRE

C'est à la mort de Skipper que tu t'es mis à boire !

(Un silence.)

BRICK

Qu'est-ce que vous insinuez ?

GRAND-PÈRE

Moi, je n'insinue rien... *(Brick traverse la chambre en direction du bar.)*... mais ton frère et sa femme, eux, ont insinué qu'il pouvait y avoir quelque chose de... fâcheux...

BRICK

Quelque chose de « fâcheux », hein ?

GRAND-PÈRE, *quelques pas vers le centre.*

Quelque chose de peut-être un petit peu... anormal, dans votre amitié...

BRICK, *au centre, s'arrête et se retourne.*

Eux aussi se sont permis... Je croyais qu'il n'y avait que Maggie, mais les Gooper aussi ! Et d'autres aussi, sans doute. Et vous-même, peut-être ?

GRAND-PÈRE

Doucement, ne t'emballe pas ! J'ai fait les quatre cents coups, de mon temps, tu t'en doutes...

BRICK

Je ne vois pas le rapport.

(Le Révérend Tooker entre à droite par la véranda.)

GRAND-PÈRE

J'ai traîné, vadrouillé, à travers l'Amérique...

BRICK, *vient à lui.*

Tout le monde le croit, bon Dieu !

GRAND-PÈRE

J'ai couché sous les ponts, dans les asiles de nuit, les refuges, les bordels de toute l'Amérique...

BRICK

Vous aussi, vous le croyez, c'est pas vrai ? Vous croyez que votre fils est une espèce de...

(Le Révérend Tooker entre dans la chambre en toussotant.)

GRAND-PÈRE, *se retourne vers lui.*

Vous cherchez quelque chose ?

RÉVÉREND TOOKER

La toilette. Je m'excuse.

GRAND-PÈRE

Au bout de la véranda. Il y a une salle de bains.

(Il le congédie poliment.)

RÉVÉREND TOOKER

Je vous remercie mille fois...

(Il sort par le couloir. En coulisse la pendule sonne trois coups.)

GRAND-PÈRE, *revient vers Brick.*

C'est seulement pour te dire que je peux tout comprendre. Quand j'ai débarqué ici, en 1910, je n'avais plus rien, plus un radis, même plus de semelles à mes souliers... A un kilomètre d'ici, j'ai sauté d'un train de marchandises et j'ai dormi dans un camion plein de coton... Le lendemain, je suis tombé sur Straw et Ochello et ils m'ont embauché et c'est de là que tout est parti. Et quand Jack Straw est mort, Ochello a cessé de manger, comme font les chiens quand ils perdent leurs maîtres, et puis il est mort à son tour !

BRICK

Seigneur !

GRAND-PÈRE

Je veux seulement te dire que je comprends toutes les...

BRICK

Mais moi, Skipper est mort, et je continue à manger !

GRAND-PÈRE

Oui, mais tu t'es mis à boire !

BRICK, *se tourne vivement vers lui.*

Vous voyez que vous le croyez ! *(Il tourne autour de Grand-père.)* Dites ? N'est-ce pas que vous croyez que j'ai eu avec Skipper des... des... relations...

GRAND-PÈRE, *lui fait face.*

Attends donc !

BRICK

Avouez !

GRAND-PÈRE

Attends !

BRICK

Vous le croyez ! Vous croyez qu'il y a eu entre Skipper et moi...

GRAND-PÈRE

Ne crie donc pas comme ça ! Tu te mets dans un état...

BRICK

Répondez-moi, Père, c'est ça que vous pensez ?

GRAND-PÈRE

Je ne pense rien, je ne sais rien, je te dis simplement...

BRICK

Vous pensez que nous faisions, Skipper et moi, un couple...

GRAND-PÈRE

Je te répète, Brick...

BRICK

Straw-Ochello ? C'est ça ? Un sale couple de...

GRAND-PÈRE

Brick !

BRICK

... de tantes ? d'invertis ? C'est ça que vous pensez ?

(Il veut donner un coup à Grand-père.)

GRAND-PÈRE

Doucement, Brick.

BRICK

C'est ça ?

(Il trébuche, tombe sur Grand-père.)

GRAND-PÈRE

Quel gâchis ! Tiens, prends ma main !

BRICK, *se détourne et va vers le lit.*

Non.

(Il se laisse tomber en travers du lit, le visage enfoui dans la couverture.)

GRAND-PÈRE, *le rejoint et pose sa main sur son épaule.*

Eh bien, je prendrai la tienne. Regarde, tu es en nage ! Tu souffles comme un phoque...

(Il s'assied sur le lit, à la droite de Brick.)

BRICK, *relevant lentement la tête.*

Vous me scandalisez, vous... me scandalisez ! Parler si légèrement, avec désinvolture, d'une chose... comme celle-là ! Tenez, dans notre groupe, à l'Université, le groupe justement dont nous étions, Skipper et moi, quand on a découvert qu'un garçon avait fait, même pas : essayé de faire avec un autre garçon... Nous l'avons expulsé, oui, nous l'avons chassé. Et il a fichu le camp... jusqu'à...

GRAND-PÈRE

Jusqu'à ?

BRICK

Je ne sais plus. L'Afrique du Sud.

GRAND-PÈRE

Eh bien, moi, je reviens de bien plus loin, de l'autre côté de la lune... de l'autre côté de la vie, et je te prie de croire qu'il en faudrait beaucoup pour me scandaliser. Question d'espace, sans doute. Oui, j'ai toujours vécu dans un pays trop vaste, avec trop d'air et de solitude autour de moi, pour pouvoir être contaminé par l'opinion publique. Il y a une chose plus précieuse, plus riche que le coton, que l'on peut faire pousser sur une grande plantation et je l'ai fait pousser, et c'est la tolérance.

BRICK, *se redresse et reprend sa béquille.*

Pourquoi une amitié, sincère, entre deux hommes, une profonde amitié, une vraie amitié ne peut-elle exister sans qu'aussitôt tout le monde se mette à ricaner ?

GRAND-PÈRE

Mais, bon Dieu, on y croit, à ces amitiés-là, moi tout le premier j'y crois. Quand j'ai dit aux Gooper...

BRICK

Au diable, les Gooper ! Au diable, tous les menteurs et leurs sales mensonges ! Il n'y avait rien que de vrai entre Skipper et moi, rien que de propre et de clair, jusqu'au jour où Maggie s'est fourré dans la tête... Normal ? Bien sûr que non. Comme si la vérité entière entre deux êtres pouvait être normale !... Il a pu arriver, sans doute, de temps en temps, que Skipper pose sa bonne vieille main sur mon épaule, que je glisse mon bras sous le sien... ou que, dans les tournées, quand nous partagions la même chambre d'hôtel, nous étendions le bras d'un lit à l'autre pour nous serrer la main avant de nous endormir... Et après ? Et après ?

GRAND-PÈRE

Mais, Brick, personne ne pense que ce n'est pas normal !

BRICK

Non, ce n'est pas normal ! C'était une chose pure, c'était une chose vraie, donc c'était anormal !

(Au fond jaillit un feu d'artifice. Edith et les enfants apparaissent sur la pelouse.)

EDITH

Père, le feu d'artifice commence !

(Elle repart en courant, suivie des enfants. En coulisse, cris, applaudissements et coups de sifflet saluent la première pièce.)

GRAND-PÈRE, *un pas vers le centre.*

Impossible d'être tranquille !

BRICK

Mais oui, restons-en là !

GRAND-PÈRE

Nous n'avons pas fini. Qu'est-ce qui a démoli Skipper ? Et toi, ensuite ?... Parle...

BRICK, *va au bar.*

C'est bon, Père. Je parle. Mais vous l'aurez voulu. *(Feu d'artifice qui se réfléchit sur le fond à droite. Hourras et coups de sifflet en coulisse. Brick prend une bouteille, la repose et se tourne vers Grand-père.)* L'idée de Maggie, c'est que, si nous sommes devenus, Skipper et moi, en quittant l'Université, des footballeurs professionnels, c'est que nous avions peur de grandir. D'après elle, nous ne pouvions pas, nous n'avions pas le courage de renoncer au sport, de cesser notre jeu, ce fameux jeu de passes que la presse sportive qualifiait d'inspiré et qui avait fait notre gloire à tous les deux !

GRAND-PÈRE

Ça se défend !

BRICK

Je vous crois. Nous l'avons prolongé tant que nous avons pu, ce jeu de passes inspiré, pendant toute la saison. Mais alors, dès l'été, Maggie m'a sauté dessus : « Toi et moi, elle m'a dit, c'est maintenant qu'on se marie ou ce sera jamais ! » — « Bon, j'ai dit, allons-y. »

(Il descend vers le premier plan.)

GRAND-PÈRE

Elle faisait bien l'amour ?

BRICK

Elle ? Remarquablement... Là-dessus, à l'automne, elle a naturellement fait partie de la tournée de l'équipe. Oh ! elle a bien fait les choses : elle avait sur la tête un grand bonnet à poil... *(Nouveau feu d'artifice, avec hourras et coups de sifflet.)* Un shako, ça s'appelle. Et sur le dos, un manteau rouge. Vous voyez le genre : pleine de charme, d'ailleurs, et de gentille drôlerie. Maggie la chatte.

GRAND-PÈRE

Je vois.

BRICK

Seulement Skipper est tombé malade. Une bizarre fièvre qui le reprenait de loin en loin. Et moi, j'ai eu cette fracture, qui n'en était d'ailleurs pas une, comme la radio l'a démontré : une fêlure tout au plus. N'empêche qu'on m'a fourré au lit et que je n'ai plus suivi les matches que sur l'écran de télévision. Voyez-vous, Père, j'ai toujours pensé que Maggie se croyait un peu une intruse dans l'équipe. Moi, ficelé dans mon lit, elle a pris sa revanche. Elle s'est insinuée entre Skipper et moi. Et elle a susurré à ce pauvre vieil idiot que nous étions au bord de former un de ces couples genre Straw et Ochello. Alors le pauvre Skipper a voulu lui montrer qu'elle était dans l'erreur, n'y est pas arrivé, et l'imbécile a cru que Maggie avait raison...

GRAND-PÈRE

Continue.

BRICK

C'est fini. Skipper s'est brisé net comme un bout de bois pourri... Personne n'est devenu ivrogne plus vite que lui. Ni n'en est mort plus vite. Voilà toute l'histoire.

GRAND-PÈRE

Non.

BRICK

Comment non ?

GRAND-PÈRE

Il y a quelque chose qui cloche. *(Sonnerie de téléphone en coulisse gauche.)* Il manque quelque chose. *(Le téléphone sonne toujours.)* Qu'est-ce que tu as sauté ?

BRICK

Dans l'histoire ?

GRAND-PÈRE

Dans l'histoire.

VOIX DE GOOPER, *coulisse gauche, au téléphone.*

Allô...

BRICK

Eh bien... j'ai supprimé un coup de téléphone de Skipper...

VOIX DE GOOPER

Lui-même, parlez...

GRAND-PÈRE

Un coup de téléphone...

BRICK

Une sorte de... confession bafouillante... il était ivre. J'ai raccroché.

VOIX DE GOOPER

Non.

GRAND-PÈRE

Tu as raccroché.

VOIX DE GOOPER

Non, monsieur.

BRICK

C'est la dernière fois que j'ai entendu sa voix.

GRAND-PÈRE, *va à Brick.*

Mais voyons, mais voyons... Tu lui as dit quelque chose avant de raccrocher ? Un mot ? Quelque chose ?

BRICK

Que pouvais-je lui dire ?

GRAND-PÈRE

N'importe quoi ! Quelque chose !

BRICK

Rien.

GRAND-PÈRE

Rien... Raccroché simplement ?

BRICK

Simplement raccroché.

GRAND-PÈRE, *à mi-voix.*

Bon Dieu ! *(Brick remonte vers le fond. Grand-père le suit.)* Eh bien, voilà, ça y est. La voilà, la saleté qui te dégoûte, mon vieux. « Maggie », tu dis ? A d'autres ! Maggie n'a rien à voir dans cette histoire-là. C'est toi qu'elle regarde, toi seul. Et tu le sais bien. C'est toi qui te dégoûtes, et je comprends ça, mon gars. C'est toi qui as ouvert la tombe de Skipper et tu l'as flanqué dedans ! Avec ta lâcheté en manière de couronne... Tu ne pouvais donc pas regarder les choses en face, avec un homme que tu aimais ?

BRICK

Quelles choses ?

GRAND-PÈRE

La vérité. A quoi sert l'amitié, si elle ne donne à deux amis le courage d'affronter les vérités de la vie ?

BRICK, *se tourne vers lui.*

C'était sa vérité à lui, pas la mienne.

GRAND-PÈRE

Tu me fais rire. C'était la vérité des choses de l'existence. C'était la vérité des choses qui arrivent : elle te regardait comme lui.

BRICK

Elle m'était étrangère.

GRAND-PÈRE

Parbleu, c'est plus facile. Brick, mon cher ami, tu as manqué de courage.

BRICK

Et vous ?

GRAND-PÈRE

Comment, et moi ?

BRICK

Vous auriez le courage de regarder en face une vérité affreuse ?

GRAND-PÈRE

Qu'est-ce que ça veut dire ?

BRICK

Vous auriez le courage, ce soir d'anniversaire, au milieu de ces souhaits de nombreux anniversaires, d'apprendre, tout à coup, que vous n'en aurez plus ?

GRAND-PÈRE

Que je n'aurai plus quoi ?

BRICK

D'anniversaire, Père...

GRAND-PÈRE

Mais qu'est-ce que ça veut dire ?

(Silence.)

BRICK

Si nous sortions un peu ?... Si nous allions un peu voir leur feu d'artifice... *(Quelques pas vers la droite.)* Allons, venez, Père...

GRAND-PÈRE

Pas question de sortir. Qu'est-ce que c'est que cette histoire d'anniversaire ?...

BRICK, *à la porte de la véranda.*

Mais rien, sans importance.

GRAND-PÈRE

Qu'est-ce que tu me chantais avec mes anniversaires ?...

BRICK

Rien du tout, je vous dis.

GRAND-PÈRE

Et que je n'en aurais plus ?... Explique-toi.

BRICK

Ce n'est rien. Y a des choses qu'on dit... Venez sur la véranda...

GRAND-PÈRE

Finis ce que tu disais !

BRICK

Mais j'ai fini, voyons ! L'entretien est fini. Léguez la plantation à Gooper et à Edith et tout sera pour le mieux.

GRAND-PÈRE

Léguer la plantation ?...

BRICK

Quatorze mille hectares des terres les plus riches d'ici à la vallée du Nil.

GRAND-PÈRE

Léguer la plantation ! J'ai soixante-cinq ans. J'ai encore quinze ans, peut-être vingt ans à vivre ! Et je te survivrai, Brick, c'est moi qui t'enterrerai ! J'achèterai ton cercueil !

BRICK

Mais j'en suis sûr, Père. Maintenant, allons dehors...

GRAND-PÈRE

Brick, est-ce qu'ils ont menti ? A propos de ce rapport ? Est-ce qu'on... Est-ce qu'on aurait trouvé... quelque chose ?... Un... cancer ?

(En coulisse, à droite, les ouvriers agricoles se mettent à chanter. Edith et Gooper apparaissent sur la pelouse.)

EDITH

Père, les ouvriers de la plantation chantent en votre honneur.

GOOPER

Les ouvriers chantent en votre honneur, Père.

(Edith et Gooper sortent hâtivement par la droite. Grand-père est resté au premier

plan, immobile, comme pétrifié. Brick va à lui.)

BRICK

Je vous demande pardon, Père. Je ne sais plus très bien ce que je dis... Les gens ont peut-être besoin du mensonge pour vivre, mais moi, je vis à peine et... je lâche la vérité. Vous disiez, tout à l'heure, que deux amis ne craignent pas la vérité. Nous sommes amis, Père.

(Il pose sa tête sur l'épaule de Grand-père. Un temps.)

GRAND-PÈRE, *à lui-même.*

Nom de Dieu de nom de Dieu...

GOOPER, *en coulisse, organisant le feu d'artifice.*

Lâchez tout ! Lâchez tout !

(On voit se refléter sur le fond le bouquet du feu d'artifice. Grand-père remonte vers le fond et passe dans la véranda.)

GRAND-PÈRE

Merde pour tous les menteurs ! Menteurs, fils de menteurs et pères de sales menteurs ! Et qui sont nés menteurs ! Et qui crèveront menteurs ! Menteurs ! Menteurs ! Menteurs !

(Les lumières baissent.)

RIDEAU

ACTE III

(On voit Grand-père quitter le plateau comme à la fin du deuxième acte.)

GRAND-PÈRE, *sort premier plan droite, en criant.*

Menteurs !... Menteurs !... Menteurs !...

(À peine Grand-père a-t-il quitté la scène que Margaret entre par la porte premier plan droite et va à Brick demeuré au centre.)

MARGARET

Brick, au nom du ciel, qu'est-ce qui s'est passé ?

BRICK

Doucement, Maggie, doucement.

MARGARET

Où est ton père ?

BRICK

Je ne sais pas... Dans sa chambre.

(Dixie et Trixie, pistolet en main, traversent la chambre en courant, de l'entrée à gauche vers la véranda à droite. Ils tirent des coups de feu en hurlant : « Pan ! Pan ! » Entre Edith, par la porte de la véranda premier plan droite. Elle pousse les enfants vers le fond de la véranda. Entrent, par l'entrée à gauche, Gooper, le Révérend et le Docteur.)

EDITH

Dixie ! Veux-tu finir !... Envoie-les se coucher, Gooper, je t'en prie !

GOOPER

Très juste. Au lit, les gosses !

(Il entraîne les enfants. Gooper et les enfants disparaissent. Le docteur se tient près de la porte du couloir.)

EDITH, *allant à Brick.*

Père a disparu ?

MARGARET

Il est allé se coucher.

EDITH

Comme ça ? Sans dire bonsoir ?

RÉVÉREND TOOKER, *va à Edith.*

Je vais vous demander la permission de me retirer

EDITH

Pas encore, Révérend. Il faut que vous soyez là quand la pauvre Grand-mère apprendra la vérité.

RÉVÉREND TOOKER

Vous croyez ?

EDITH

J'en suis sûre... Je vais la chercher.

(Edith sort, premier plan droite. Le Révérend traverse la véranda supérieure à pas lents.)

MARGARET, *à Brick.*

Père a crié : « Menteurs ! » Pourquoi, Brick ?

BRICK

Je ne sais pas...

MARGARET

Pas à toi ?

BRICK

Je ne lui ai jamais menti, ni à personne d'ailleurs, sauf à moi... sauf à moi.

MARGARET

Pourquoi dis-tu ça ?

BRICK

Le moment est venu de m'envoyer là-bas.

MARGARET

Où ça ?

BRICK

A *la Colline de l'Espoir.* Le moment est venu de m'enfermer là-bas.

MARGARET

J'aimerais mieux mourir ! *(Brick va vers la droite. Elle l'arrête.)* Où vas-tu ?

BRICK, *va vers le centre.*

Prendre l'air.

EDITH, *entre par la véranda, premier plan droite. Au Révérend :*

Je ne sais pas où est Mère.

RÉVÉREND TOOKER, *descend vers Edith.*

Voulez-vous que je la cherche ?

EDITH

Oui, merci, Révérend. Prenez garde de ne pas inquiéter Père.

(Révérend sort, premier plan droite, et croise Gooper.)

RÉVÉREND

Je vais chercher votre mère.

GOOPER, *à Edith.*

On dirait qu'elle se doute de quelque chose, tu ne trouves pas ?

EDITH

J'en ai peur. Mais il faut en finir.

GOOPER, *crie vers la coulisse gauche.*

Sookey ! Tâche de trouver Grand-mère et dis-lui que le Docteur et le Révérend sont obligés de partir.

VOIX DU RÉVÉREND, *coulisse premier plan droite.*

Grand-mère !

SOOKEY et DAISY, *courant de gauche à droite sur la pelouse.*

Miss Ida ! Miss Ida !

(Elles sortent par le fond droite.)

GOOPER, *de la véranda supérieure.*

Eh ! là, en bas, Lacey ! Il faut que tu trouves Grand-mère !

(Edith entraîne le Docteur dans la véranda à droite.)

MARGARET, *à Brick.*

Tu ne peux pas t'en aller, Brick. Elle aura besoin de toi.

(On voit le Révérend sur la pelouse à droite.)

DOCTEUR BAUGH, *à Edith, dans la véranda, à droite.*

Ça va être très pénible.

EDITH

Certainement. Mais qu'y faire ?

RÉVÉREND TOOKER, *sur la pelouse, à droite.*

La voilà, je l'aperçois !

(Traverse la pelouse et sort à gauche.)

GOOPER

Oui, dans la véranda. Elle va chez Père. *(Il se précipite dans le couloir.)* Eh ! maman, une seconde ! *(En coulisse.)* Maman, venez ici !

EDITH, *élevant la voix.*

Ne crie donc pas comme ça !

(Gooper et le Révérend reparaissent ensemble dans le couloir. Grand-mère entre par la droite premier plan, un verre de lait dans la main.)

GRAND-MÈRE

Qu'est-ce que vous me voulez ?

GOOPER, *va à elle.*

Mais vous le savez bien, il faut que nous ayons cette conversation.

GRAND-MÈRE

Quelle conversation ?... Je ne sais pas ce qu'a ton père. Je vois sa fenêtre s'éclairer, je lui porte son verre de lait et il me flanque dehors et me claque la porte au nez. *(Elle va vers le canapé.)* Ce n'est pas facile de vivre si longtemps côte à côte, on s'irrite pour un rien. Mais c'est qu'on se connaît trop... voyez-vous... on s'aime trop...

MARGARET, *va à elle et la prend dans ses bras.*

Ce n'est pas grave. Père est fatigué.

(Brick va vers le couloir, mais fait demi-tour

en voyant Gooper et le Révérend. Il traverse alors la chambre en clopinant, puis passe dans la véranda.)

GRAND-MÈRE

Il est exténué. On a beau aimer son foyer, les réunions de famille sont assez éprouvantes. Il n'était pas lui-même ce soir. J'ai remarqué plusieurs fois qu'il n'était pas lui-même. D'une surexcitation !

RÉVÉREND TOOKER

Je le trouve extraordinaire.

GRAND-MÈRE

Extraordinaire, c'est vrai. *(Elle va au bar et pose le verre de lait.)* Ce qu'il a pu dévorer au dîner de ce soir ! Il a mangé comme quatre !

GOOPER

Espérons qu'il n'aura pas à s'en repentir !

GRAND-MÈRE

Se repentir de quoi ! D'avoir dévoré des tartines de mélasse ? et du maïs grillé ? et du poulet sauté ? C'est un repas de paysan.

MARGARET

Père adore ça.

GRAND-MÈRE

Oui, et le jambon chaud... *(Riant.)* C'est vrai qu'il s'en est fourré jusque-là !

GOOPER

Pourvu qu'il ne le regrette pas !

GRAND-MÈRE, *se tourne vers Gooper.*

Quoi ?

EDITH

Gooper dit qu'il espère que Père n'aura pas à en souffrir.

GRAND-MÈRE

De quoi ? D'avoir mangé à sa faim ? Qu'est-ce que vous allez chercher ! Il n'a fait que satisfaire un appétit normal. Il n'a rien, rien du tout, et il le sait maintenant. C'est le soulagement qui l'a creusé. Si vous vous étiez cru, comme lui, condamné à... à... *(elle hésite)* ce qu'il croyait...

(Margaret va vivement à elle et la prend dans ses bras.)

GOOPER, *pousse Edith vers Grand-mère.*

Edith !

(Edith court à Grand-mère et se tient au-dessous d'elle, Margaret au-dessus. Elles l'aident toutes deux à s'asseoir sur le canapé de rotin. Margaret s'assoit sur une chaise à côté de Grand-mère. Edith se tient derrière le canapé.)

MARGARET

Cher vieux Grand-père.

GRAND-MÈRE

Oui, cher vieux Grand-père.

BRICK, *dans la véranda premier plan ; il regarde au-dehors.*

Salut, Madame la Lune. J'admire ton maquillage de candeur, vieille putain !

GRAND-MÈRE

Que fait Brick ?

MARGARET

Il prend l'air.

GRAND-MÈRE

Je veux le voir, chérie, je veux voir Brick.

EDITH

Va donc le chercher, Maggie.

(Margaret se lève, va à Brick par la porte premier plan.)

BRICK, *de même.*

J'admire ta blancheur,
Ton teint de jeune fille,
Vieille putain de Lune...

MARGARET

Il faut rentrer, chéri.

BRICK

Non, je parle à la Lune.

MARGARET

Chéri, il faut rentrer. Ils vont dire la chose à Mère.

BRICK

Je ne veux pas voir ça.

(Edith va rejoindre le Docteur dans la véranda, à droite. Le Révérend et Gooper, toujours à l'arrière-plan, se dirigent vers la droite en regardant Grand-mère.)

EDITH

Dites-moi, Docteur, que pensez-vous des injections de vitamines B12 ? On en a dit tant de bien.

(Rentre dans la chambre, par le fond, avec le Docteur, et se tient derrière le canapé.)

DOCTEUR BAUGH

Je n'en dirai donc pas de mal. *(Il consulte sa montre.)* Il commence à se faire tard.

MARGARET

Brick, il faut que tu sois là.

BRICK

A aucun prix, je t'ai dit.

GRAND-MÈRE

Mais qu'est-ce qui se passe ici ? hein ? Qu'est-ce que vous avez ? Vous êtes tous là à faire des têtes de l'autre monde...

GOOPER

Nous attendons le retour de Brick et de Margaret.

MARGARET, *passe à la droite de Brick.*

Si tu ne rentres pas, je prends toutes tes bouteilles et je les flanque dehors.

GRAND-MÈRE

Y en a qui se taisent, d'autres qui parlent dans les coins. Qu'est-ce que ça veut dire ?... Jamais je n'ai senti une atmosphère pareille.

EDITH, *s'assied sur une chaise au-dessus de Grand-mère toujours sur le canapé.*

Ne vous tourmentez pas.

GRAND-MÈRE

Qu'est-ce que font Margaret et Brick sur la véranda ?

GOOPER, *va jusqu'au centre premier plan et regarde dehors.*

Ils ont une discussion.

(Brick avance vers la marche, mais Marga-

ret lui barre la route. Le Révérend rejoint le Docteur.)

GRAND-MÈRE

Qu'on me donne un verre d'eau. J'ai encore dans la gorge la fumée de votre feu d'artifice.

(Edith va au bar chercher le verre d'eau. Le Docteur la rejoint. Gooper rejoint le Révérend au premier plan gauche.)

BRICK, *à Margaret.*

Espèce de petite chipie, veux-tu me laisser passer !

MARGARET

Non, tu ne partiras pas.

GRAND-MÈRE

Ouvre la porte du couloir, Gooper. Que l'air circule un peu. *(Gooper obéit. Edith porte le verre d'eau à Grand-mère et s'assied près d'elle.)* Merci. *(Elle boit.)*

EDITH

Je crois qu'il vaudrait mieux que Gooper referme la porte. Nous ne pouvons pas risquer que Père entende un mot de notre discussion.

(Gooper va refermer la porte, puis rejoint le groupe au centre premier plan.)

GRAND-MÈRE, *tend son verre à Edith.*

Mais quelle discussion ? On ne dira pas un mot sous le toit de cette maison que Père ne puisse entendre ! *(Edith va au bar, y pose le verre et rejoint Gooper, le Docteur et le Révérend. Brick remonte vers l'arrière-plan, vers la porte de la véranda.)* Eh bien, Brick, vas-tu venir ?

(Edith se lève, regarde au-dehors premier plan, se rassied.)

GOOPER

Le pauvre Brick n'y est plus... En route pour le paradis des ivrognes !

DOCTEUR BAUGH

Vous n'avez pas essayé cette cure contre l'alcoolisme, cette cure, vous savez bien... par l'électricité...

GOOPER, *se tourne vers le Docteur.*

Il y a mieux que ça, on m'a dit : des comprimés anti...

GRAND-MÈRE

Zut pour tes comprimés ! Brick n'en a pas besoin. C'est la mort de Skipper qui l'a détraqué.

BRICK, *entrant.*

Parfaitement exact !

(Il est derrière le canapé et pose la main sur la tête de Grand-mère. Gooper est face à Grand-mère.)

GRAND-MÈRE

Ah ! te voilà, Brick. Enfin ! Voilà mon fils chéri.

(Le Docteur va au bar et pose son verre. Brick passe devant Grand-mère et va vers le bar.)

BRICK

Encaisse, Gooper !

EDITH, *se levant.*

Comment ?

BRICK

Gooper a compris.

(Edith se tourne vers Gooper. Le Docteur se dirige vers le Révérend. Margaret entre à son tour et se tient derrière le canapé.)

GRAND-MÈRE, *à Brick, qui est au bar.*

Oh, Brick ! J'aimerais tant que tu cesses de boire !

BRICK

Mais moi aussi, Mère... Personne ne veut rien prendre ?

MARGARET

Allons, Brick, viens t'asseoir à côté de ta mère.

BRICK

Peux pas. J'ai la bougeotte.

(Edith s'assied à côté de Grand-mère, Gooper sur le divan, face à Grand-mère. Le Révérend se rapproche du centre droit. Le Docteur descend vers le centre en fumant un cigare. Margaret va vers la porte de droite.)

GRAND-MÈRE

Mais qu'est-ce que vous avez à m'entourer comme ça ? A me regarder comme ça ? *(Brick sort en clopinant par la porte donnant sur le couloir et va dans la véranda.)* Est-ce que vous devenez fous ?

(Le Révérend se met derrière le canapé.)

EDITH

Restez calme, maman.

GRAND-MÈRE

Reste calme toi-même ! Et cessez de me regarder comme une bête curieuse ! Qu'est-ce qu'il y a, à la fin ?

GOOPER

Vous allez le savoir... *(Edith se lève.)* Rassieds-toi, je te prie. *(Edith s'assied.)* Docteur... voulez-vous dire à Mère la vérité sur le rapport de la clinique.

(Le Docteur boutonne son veston et se place devant le groupe.)

GRAND-MÈRE

Mais qu'est-ce que c'est ? Il y a quelque chose ?... Il y a quelque chose que je ne sais pas ?

DOCTEUR BAUGH

Non... c'est-à-dire...

GRAND-MÈRE, *se lève.*

Il faut me dire !... *(Fait un pas vers le Docteur.)* On m'a menti ? On m'a menti ?

(Edith, Gooper et le Révérend entourent Grand-mère.)

EDITH

Asseyez-vous, maman.

(Brick passe devant Margaret, premier plan droite, dans la véranda.)

MARGARET

Brick ! Brick !

GRAND-MÈRE

Qu'est-ce que c'est ? Qu'est-ce que c'est ?

(Elle fait quelques pas en avant, entraînant le Docteur. Les autres suivent et continuent à entourer Grand-mère.)

DOCTEUR BAUGH

Je dois vous dire d'abord que l'examen qu'a fait la clinique est des plus consciencieux : un modèle de conscience !

GOOPER

C'est une des meilleures cliniques du pays.

EDITH

La meilleure, et de loin !

DOCTEUR BAUGH

J'ajoute, qu'avant même de commencer l'examen, ils étaient sûrs du résultat...

GRAND-MÈRE

Sûrs de quoi, sûrs de quoi, sûrs de quoi ?...

EDITH

Allons, maman, allons, soyez courageuse !

BRICK, *se bouche les oreilles et chante.*

« Oh ! oui, j'aime la lumière argentée de la lune ! »

GOOPER, *se tourne vers Brick.*

La ferme, là-bas, Brick ! *(Se retourne vers le groupe.)*

BRICK

Oh, pardon... *(Il recommence à chanter.)*

DOCTEUR BAUGH

Ils ont d'abord prélevé un fragment de la tumeur...

GRAND-MÈRE

Une tumeur ? Mais vous avez dit à Grand-père...

DOCTEUR BAUGH

Un instant, voulez-vous...

GRAND-MÈRE

Non ! Vous nous avez dit à Grand-père et à moi, qu'il n'avait rien du tout, sauf...

EDITH

Maman, vous savez bien...

GOOPER

Laisse parler le Docteur !

GRAND-MÈRE

Sauf ces spasmes... du côlon...

RÉVÉREND TOOKER, *pendant ce dialogue.*

Chut ! Chut ! Chut !

GRAND-MÈRE, *se dégage du groupe et va vers l'arrière-plan. Ils la suivent.*

Laissez-moi ! Laissez-moi ! Il n'avait rien du tout !

DOCTEUR BAUGH

C'est ce que nous lui avons dit. Mais, malheureusement, l'examen a donné un test positif : la tumeur est maligne.

(Un silence.)

GRAND-MÈRE

Un cancer ! Un cancer !

EDITH

Du courage, maman !

GOOPER, *en même temps.*

Il fallait que vous le sachiez.

GRAND-MÈRE

Mais pourquoi... mais pourquoi ne lui enlève-t-on pas cette tumeur ? Hein ? Pourquoi ?

DOCTEUR BAUGH

C'est impossible, Grand-mère. Trop d'organes sont touchés.

GOOPER

Cela dépasse de beaucoup ce qu'on appelle...

DOCTEUR BAUGH

Oui, un risque opératoire.

(Grand-mère sursaute.)

RÉVÉREND TOOKER

Tch, tch, tch...

EDITH

C'est pour cela qu'il est devenu tout jaune !

(Brick s'arrête de chanter et remonte, dans la véranda, vers l'arrière-plan.)

GRAND-MÈRE, *repoussant Edith.*

Va-t'en, Edith, va-t'en, laisse-moi ! *(Elle descend vers la droite premier plan.)* C'est Brick que je veux ! Où est mon fils unique ?

EDITH, *fait un pas vers Grand-mère.*

Mammy ! Elle a dit « fils unique » ?

GOOPER, *suit Grand-mère.*

Et moi, qu'est-ce que je suis ?

EDITH

Un homme digne comme Gooper, un père de cinq enfants !

GOOPER

Presque six !

GRAND-MÈRE

C'est Brick que je veux, Brick !

MARGARET, *un pas vers Grand-mère.*

Grand-mère...

GRAND-MÈRE, *la repoussant.*

Non, laisse-moi, toi. Tu n'es pas de mon sang !

(Elle se précipite dans la véranda premier plan.)

GOOPER, *la suit.*

Mais moi, j'en suis, maman !

EDITH

C'est votre premier-né.

GRAND-MÈRE

Gooper n'aime pas Grand-père. Il ne l'a jamais aimé.

EDITH

C'est faux !

RÉVÉREND TOOKER

Il vaut mieux que je me retire... Bonsoir, bonsoir à tous. Dieu bénisse tout le monde sur cette plantation.

(Il sort par le couloir.)

DOCTEUR BAUGH, *descend vers la droite premier plan.*

Eh bien, Grand-mère, voilà...

GRAND-MÈRE, *dans la véranda inférieure, appuyée sur Gooper.*

On a dû se tromper, je le sens, j'en suis sûre... C'est un mauvais rêve.

DOCTEUR BAUGH

Nous allons faire en sorte qu'il ne souffre pas... enfin le moins possible.

GRAND-MÈRE

Un mauvais rêve, oui, un cauchemar.

GOOPER

Je crois que Père souffre, mais sans vouloir l'admettre.

GRAND-MÈRE

Tout simplement un rêve, un rêve épouvantable.

DOCTEUR BAUGH

Les malades s'imaginent qu'en niant la souffrance ils suppriment le mal.

(Dans la véranda, Brick remonte vers l'arrière-plan droite. Margaret se tient près de la porte droite et le guette.)

DOCTEUR BAUGH

En tout cas, par prudence, je vous laisse ces ampoules.

(Il va au bar et y pose une boîte.)

GRAND-MÈRE, *s'écartant de Gooper.*

Qu'est-ce que c'est ?

GOOPER

Mais, de la morphine, maman.

EDITH

Je sais faire les piqûres.

GRAND-MÈRE, *va vers le Docteur.*

Personne ne va donner de morphine à Grand-père.

GOOPER

Edith sait très bien s'y prendre. Elle a suivi des cours d'infirmière...

GRAND-MÈRE, *près du bar, à gauche.*

Personne ne donnera de morphine à Grand-père.

MARGARET

Je ne sais pas pourquoi, je ne le vois pas du tout se laissant piquer par Edith.

EDITH

Mais si c'était par toi, il serait ravi, sans doute ?

DOCTEUR BAUGH

Eh bien, il faut maintenant...

GOOPER, *traverse la chambre.*

Le Docteur doit partir.

DOCTEUR BAUGH

Oui, j'y suis obligé. Allons, Grand-mère, allons, ne vous laissez pas abattre.

(Il va vers le couloir. Edith et Gooper l'accompagnent.)

GOOPER

Mais bien sûr, hein, maman ? *(Ils sortent à gauche.)* Laissez-moi vous dire, Docteur, combien nous vous sommes reconnaissants...

EDITH

Oui, nous vous sommes très obligés...

GRAND-MÈRE

Écoute-moi, Margaret. Il faudra que tu nous aides, Grand-père et moi, à remettre Brick d'aplomb...

GOOPER, *revenant avec Edith.*

Je sais bien que le Docteur a autre chose à faire, mais, franchement, je l'ai trouvé un peu pressé de filer.

GRAND-MÈRE

... Grand-père serait désespéré si Brick était incapable de prendre les choses en main.

(Dans la véranda, Brick descend vers la droite.)

EDITH

Prendre quelles choses en main, maman ?

GRAND-MÈRE, *s'assied sur le canapé. Margaret se tient derrière elle.*

La propriété.

GOOPER

Maman !... Je sais que vous venez de recevoir un coup...

EDITH, *va vers Grand-mère avec Gooper.*

Nous l'avons tous reçu...

GOOPER

Mais il faut voir en face...

EDITH

Oui, la situation... Père est trop prudent...

GOOPER

Trop avisé, trop sage, pour confier la propriété à un garçon comme Brick.

GRAND-MÈRE

Père fera ce qu'il voudra et aucun de vous deux ne l'en empêchera. D'ailleurs, je suis certaine qu'il n'aura besoin de personne pour le remplacer. Il ne va pas mourir. Je veux que tout le monde ici se fourre ça dans le crâne !

(Edith s'assied au-dessus de Grand-mère ; Margaret se tourne à droite. Gooper fait quelques pas vers le centre premier plan.)

EDITH

Mais, maman, nous aussi, nous sommes pleins d'optimisme pour ce qui concerne la santé de Père. Nous croyons fermement à l'efficacité de la prière... mais ça n'empêche pas qu'il y a certaines choses dont il faut discuter, qu'il faut organiser, sous peine...

GOOPER

Va me chercher ma sacoche. Elle est dans notre chambre.

EDITH

Tout de suite, mon chéri.

(Elle se lève et sort par le couloir.)

GOOPER, *se penche vers Grand-mère.*

Quant à ce que vous avez dit tout à l'heure, maman, c'est absolument faux. J'aime Père et il m'aime. Sans grandes démonstrations, mais c'est notre nature.

(Margaret va vers la porte de la véranda à droite.)

EDITH, *rentrant.*

Voici ta sacoche, Gooper chéri. *(Elle lui tend la sacoche.)*

GOOPER

Merci. *(Il lui repasse la sacoche. A Grand-mère :)* Évidemment, je n'ai pas avec Père les rapports que Brick a avec lui...

EDITH

Tu as huit ans de plus que Brick et tu portes un fardeau de responsabilités qui écraserait le pauvre garçon. Il n'a jamais porté dans le cours de sa vie qu'un ballon de football ou un verre de whisky.

(Margaret passe dans la véranda par le premier plan.)

GOOPER

Veux-tu me laisser parler ?

EDITH

Je te demande pardon, chéri.

GOOPER

Rendez-vous compte, Mère, la gestion d'une terre de quatorze mille hectares est une chose énorme.

EDITH

Mais oui, surtout sans aide.

GRAND-MÈRE

Ne te tourmente pas, Gooper, tu n'auras jamais cette responsabilité-là. D'ailleurs, qu'as-tu fait d'autre pour la plantation que de régler avec Père quelques questions de détail ? Ta place est à Memphis, dans ton cabinet.

EDITH

Ah, Mammy, soyons justes ! Ça fait plus de cinq ans, depuis que la santé de Père s'est mise à décliner, que Gooper se consacre à cette plantation. Corps et âme, maman. Et non seulement par devoir, ou par intérêt. Il ne vous le dirait pas, mais moi je vous le rappelle. Et Brick, lui, qu'a-t-il fait d'autre que de remâcher les glorieux souvenirs de sa vie d'étudiant ?

GOOPER

Rester, à l'âge d'homme, un joueur de football !...

MARGARET, *pénètre en trombe dans la pièce par la porte fond droite.*

Ce n'est pas vrai. Vous mentez ! Il y a belle lurette que Brick ne joue plus. Il est reporter sportif à la télévision et vous le savez très bien.

GOOPER

Je parle de ce qu'il était.

MARGARET

Cessez de parler de lui !

GOOPER, *va à elle.*

J'ai tout de même le droit de parler avec ma mère de mon propre frère. Ça ne te concerne pas !

(Il avance vers elle un doigt qu'elle rabat d'une gifle.)

MARGARET

Ce qui concerne mon mari me concerne moi-même. Et puis, parler de son frère avec cette malveillance...

GOOPER

Et lui, il n'en a pas, pour moi, de la malveillance ? Il suffit que j'entre dans une pièce pour qu'il en sorte !

BRICK, *dans la véranda inférieure.*

Ça, c'est la vérité.

MARGARET

Vous avez mis au point un système de critique et de dénigrement, et ça, pour une raison sordide, dégoûtante : la cupidité.

GRAND-MÈRE

Je vais me mettre à crier, je vais me mettre à crier, si vous n'arrêtez pas ! *(Un sanglot.)* Margaret, ma fille, viens t'asseoir près de ta vieille maman !

MARGARET, *s'assoit près de Grand-mère.*

Mammy chérie... Je suis si désolée...

(Elle entoure de son bras les épaules de Grand-mère. Gooper va vers le bar.)

GOOPER

Touchant tableau de famille !

EDITH

Une famille... sans enfant ! Et si elle compte sur Brick, son magnifique athlète, pour lui en fabriquer, il faudra d'abord qu'elle le persuade de partager son lit !

GOOPER

Assez de mots inutiles ! *(Il revient vers Grand-mère.)* Je vous demande seulement de jouer le jeu et honnêtement. Je me fous que Père m'aime ou ne m'aime pas, vous comprenez, qu'il m'ait aimé ou non. J'ai quelques petites choses à dire et je les dirai. *(Va vers Brick, toujours sous la véranda.)* C'est vrai que la partialité de Père m'indigne, mon garçon... et ce n'est pas d'aujourd'hui ! depuis le jour de ta naissance... et aussi cette façon qu'on a, dans cette maison, de me compter pour zéro, et même pour un peu moins ! *(Revient vers Grand-mère.)* Père a un cancer, tout le monde le sait maintenant, un cancer généralisé. Tous les organes sont pris, même les reins. L'urémie le guette ; vous savez ce que c'est ? L'impossibilité pour le malade d'éliminer tous les poisons...

MARGARET, *le coupant.*

Les poisons, les poisons ! Les paroles venimeuses, les pensées corrompues des esprits et des cœurs, les voilà, les poisons !

GOOPER

Qu'on joue cartes sur table, je ne demande pas autre chose, mais je le demande, je l'exige. Et si je ne l'obtiens pas et qu'on mijote dans l'ombre de petites saletés, je saurai me défendre. *(Descend vers la porte premier plan droite.)* Oui, je saurai me souvenir que je suis l'avocat-conseil d'un grand cartel.

(Un roulement de tonnerre, au loin.)

BRICK, *entre par la porte premier plan.*

Il va faire de l'orage.

GOOPER

Tiens, un revenant !

EDITH, *va vers le bar.*

Le fantôme d'un héros tout chargé de lauriers !

GOOPER

L'ombre du fabuleux, du divin Brick Pollitt !

EDITH

Mais il boite, ma parole, est-ce à la suite d'un match ?

GOOPER, *suit Brick, lentement.*

Quel match ? La coupe du Sucre ? ou bien la coupe de la Rose ?

(De nouveau un grondement de tonnerre et le bruit du vent qui se lève.)

EDITH, *à la gauche de Brick qui arrive au bar.*

Mais voyons, chéri, la coupe à whisky, la belle coupe à whisky en cristal taillé.

GOOPER

C'est vrai ! Je confonds toujours toutes les coupes de ce garçon.

(Il lui donne une petite tape sur le derrière.)

MARGARET, *se précipite sur Gooper et le frappe.*

Assez, vous deux, assez !

EDITH, *court à Margaret.*

Margaret !

GOOPER, *entre les deux.*

Doucement !

GRAND-MÈRE

Taisez-vous ; je vous l'ordonne. Assez, taisez-vous tous !

(Grondement de tonnerre.)

DAISY et SOOKEY, *dans les coulisses, arrière-plan gauche.*

L'orage ! Voici l'orage ! L'orage ! L'orage !

(Lacey traverse en courant la pelouse, un imperméable sur le dos.)

GOOPER, *court dans la véranda à droite et crie.*

Lacey ! Remonte la capote de la voiture !

LACEY, *en coulisse droite.*

Oui, monsieur !

GOOPER, *va vers Grand-mère.*

Finissons-en, maman. Il faut absolument que je sois à Memphis demain matin pour représenter la succession Parker devant le tribunal.

(Edith s'assied sur le lit à gauche et met en ordre des papiers qu'elle sort de la sacoche.)

GRAND-MÈRE

Ah ?

EDITH

Oui, absolument.

GOOPER

C'est pourquoi je dois maintenant aborder un... problème...

EDITH

Important et urgent.

GOOPER

Il serait bon que Brick assistât à notre conversation. Je ne sais si on peut le considérer comme présent.

MARGARET

Il l'est et moi aussi.

GOOPER

Je vais donc vous donner les grandes lignes d'un projet... d'une esquisse de projet... que nous avons rédigé, Tom Bullitt, mon associé, et moi-même.

MARGARET

Inutile, je le connais. Tout sera entre tes mains et tu nous feras l'aumône une fois de loin en loin.

GOOPER

Dès que j'ai eu connaissance du rapport de la clinique au sujet de Père, j'ai consulté Bellowes, le président de la banque des planteurs du Sud. C'est lui qui gère les grosses fortunes du Delta.

GRAND-MÈRE

Gooper !

GOOPER, *s'accroupit devant Grand-mère.*

Je vous répète, maman, que ce n'est qu'un projet, même un avant-projet. Rien de définitif, une base, simplement, une base de discussion.

(Il brandit les papiers qu'Edith lui a remis.)

MARGARET

Oui, un fameux projet...

(L'éclairage de la pièce baisse. Grondement de tonnerre.)

EDITH

... dont le but est d'empêcher que la plus grosse propriété du Delta ne tombe entre des mains irresponsables et...

GRAND-MÈRE, *la coupe.*

Ah ! écoutez-moi ! Je ne veux plus entendre de rosseries ni d'engueulades dans ma maison. Quant à toi, Gooper, range-moi ton papier ou je le mets en morceaux. Je me fous de ce qu'il y a dedans et je ne veux pas le savoir ! Je m'en fous, tu comprends. Je parle comme Père. Je ne suis pas sa veuve, je suis encore sa femme... Je suis sa femme et je parle comme lui !

GOOPER

Mais, maman, ce projet...

EDITH

Gooper a spécifié...

GRAND-MÈRE

Je m'en fous, je m'en fous !... Range-moi ce papier, je ne veux plus le voir ! Tu me parles de projets, d'esquisses, de bases, d'ébauches... et moi je te réponds... Qu'est-ce que dit Père quand il est dégoûté ?

(De gros nuages d'orage courent à travers le ciel.)

BRICK, *du bar.*

Il dit merde.

GRAND-MÈRE, *se lève.*

Bravo. Je te dis : merde.

(Grondement de tonnerre.)

EDITH

Ce langage grossier...

GOOPER

Oui, je me sens offensé au profond de moi-même... *(Il soupire.)* Et voilà, une fois de plus, personne ne va rien faire. *(Il pose les papiers sur le lit.)* Jusqu'à ce qu'il arrive quelque chose à Père, ça va être l'anarchie... l'anarchie, comme toujours.

(Coup de tonnerre. Bruit de verre brisé, à gauche dans les coulisses. Dans les coulisses à droite, les enfants commencent à pleurer. Beaucoup de bruits d'orage, à droite et à gauche. Coups de tonnerre répétés. Claquements de persiennes. Daisy et Sookey courent sur la pelouse de gauche à droite. Tous crient : « L'orage ! L'orage ! » Sookey brandit du papier d'emballage pour couvrir les meubles de jardin sur la pelouse. Edith sort de la chambre par l'entrée puis descend la véranda à droite.)

EDITH

Sookey, dépêche-toi de couvrir les meubles de la véranda !

(Gooper court vers la véranda à droite.)

GOOPER

Lacey, range ma voiture !

LACEY, *paraît à droite.*

Je ne peux pas, monsieur, c'est vous qui avez les clefs.

(Lacey sort à l'arrière-plan.)

GOOPER

Mais non, c'est toi qui les as. *(Il sort premier plan droite, et rentre en scène par le fond droite. Il crie à Edith :)* Où sont les clefs de la voiture, chérie ?

(Il court vers le centre.)

EDITH, *dans la véranda premier plan droite.*

Tu les as dans ta poche !

(Elle sort premier plan droite. Gooper sort au fond, à droite. Un chien hurle. Dans la coulisse fond droite, Daisy et Sookey chantent pour réconforter les enfants. On entend la voix d'Edith qui les calme. Margaret va au divan et s'y assoit. Grand-mère va la rejoindre et s'assoit à côté d'elle. L'orage s'éloigne.)

GRAND-MÈRE

Brick ! Viens ici, Brick ! J'ai besoin de toi. *(On entend en coulisse les voix des enfants qui pleurnichent et la voix d'Edith qui les console. Brick va à la droite de Grand-mère et se tient debout près d'elle. Roulements de tonnerre dans le lointain.)* C'est extraordinaire comme Brick ressemble ce soir à l'enfant qu'il était... à ce petit garçon qui jouait dans le verger et qui ne rentrait jamais que quand je n'avais plus de voix à force de l'appeler... Je le vois revenir, en sueur, tombant de sommeil, avec ses petites joues rouges et ses cheveux mouillés qui luisaient dans le soir... *(On entend pleurnicher les enfants et la voix d'Edith qui les console. Un chien hurle. Grondements de tonnerre dans le lointain.)* *(Même ton :)* Dieu, que le temps passe vite ! La mort commence trop tôt... On ne connaît rien à la vie, et la voilà déjà ! Oh ! comprenez donc qu'il n'y a que l'amour qui compte et que nous devons nous unir en face de cette chose noire qui vient de s'installer dans notre maison. *(Un chien hurle en coulisse.)* Oh ! Brick, fils de Grand-père, Grand-père t'aime tant ; si son rêve le plus cher pouvait se réaliser ! Si avant de nous quitter, s'il faut que Grand-père nous quitte... *(Le chien hurle.)*... tu lui faisais cadeau d'un petit-fils qui te ressemble autant que tu lui ressembles...

MARGARET

Oui, c'est le rêve de Grand-père.

GRAND-MÈRE

Et depuis bien longtemps !

GRAND-PÈRE, *dans la véranda premier plan droite.*

On dirait que le vent en prend bien à son aise avec cette plantation.

(Lacey paraît au fond gauche et va vers le centre arrière-plan sur la pelouse. Brightie et Small paraissent sur la pelouse au fond. Grand-père va vers le fond droite de la véranda.)

LACEY

Bonsoir, monsieur.

BRIGHTIE ET SMALL

Bonsoir, patron. Salut, patron.

GRAND-PÈRE

L'orage a passé le fleuve, Lacey ?

LACEY

Il est parti vers l'Arkansas, patron.

(Grand-mère s'est levée en entendant la voix de Grand-père. Elle va dans la véranda par la porte premier plan.)

GRAND-MÈRE

Il faut que je m'en aille. Il lirait dans mes yeux...

GRAND-PÈRE, *aux hommes.*

Y a des dégâts ?

BRIGHTIE

Le vent a emporté la véranda de la vieille tante Crawley.

GRAND-PÈRE

Dommage que la vieille tante Crawley n'ait pas été dessus.

(Les ouvriers rient et sortent fond droite. Grand-père entre dans la chambre par la porte du couloir.) Je peux entrer ? *(Il pose son cigare dans le cendrier du bar.)*

(Edith et Gooper arrivent derrière Grand-père par la porte du couloir.)

MARGARET

L'orage vous a réveillé, Grand-père ?

GRAND-PÈRE

Quel orage, ma fille ?... Celui du dehors ou ce sacré barouf que vous avez fait ici ?

GOOPER, *se faufile devant Grand-père et va vers le lit où sont éparpillés tous les papiers.*

Je vous demande pardon, Grand-père...

(Edith essaie de se faufiler devant Grand-père pour rejoindre Gooper, mais Grand-père étend le bras pour l'en empêcher.)

GRAND-PÈRE

Oui, pour faire du potin, vous faisiez du potin ! Une chaude discussion. Qu'est-ce qu'on discutait ?

EDITH, *troublée.*

Mais... rien du tout, Père.

GRAND-PÈRE, *descend vers le centre premier plan.*

Et cette grosse enveloppe que Gooper essaye de cacher ? Qu'est-ce que c'est ?

GOOPER, *il fourre en hâte les papiers dans l'enveloppe.*

Rien, Père... d'important...

GRAND-PÈRE

Rien d'important, pas vrai ? Une grosse enveloppe bourrée de rien d'important ! Bon. Une dernière question. *(Il hume l'air.)* Qu'est-ce que ça sent ici ? Il me semble flairer une odeur... n'est-ce pas, Brick ?... une forte et répugnante odeur de... dissimulation !

BRICK

Je crois que vous y êtes, Père.

GOOPER

Edith, Edith...

GRAND-PÈRE, *à Edith, qu'il retient toujours à sa droite.*

Il n'y a rien de plus fort. *(Se tourne vers Brick.)* N'est-ce pas, Brick ?

(Il lâche Edith qui court à Gooper.)

BRICK

Oui, Père, et rien de plus répugnant.

GRAND-PÈRE

Nous sommes d'accord, mon fils. *(Gooper et Edith chuchotent ensemble. Il lui donne la sacoche. Elle se tourne vers la porte du couloir pour sortir, mais Grand-père se retourne vers eux.)* Tu as remarqué, Gooper ? la dissimulation a une odeur si forte que l'orage n'a pas pu la chasser de cette chambre.

GOOPER

Vous dites, Père ?

GRAND-PÈRE

Mais toi, Edith, tu la sens ? N'est-ce pas que tu sens l'odeur répugnante de la dissimulation ?

EDITH, *cache la sacoche derrière son dos.*

Je ne comprends pas, Père.

(Gooper prend la sacoche et la cache sous le lit.)

GRAND-PÈRE, *descend au centre.*

Si tu ne la sens pas, merde ! Elle pue la mort ! *(Dans la véranda, Grand-mère sanglote. Grand-père la regarde.)* Qu'est-ce qu'a donc cette grosse femme couverte de diamants ? Qu'est-ce qu'elle a qui ne va pas ?

MARGARET, *va à Grand-père.*

Grand-mère vient d'avoir un petit étourdissement.

GRAND-PÈRE

Eh ! là, doucement, Maman ! Attention au coup de sang.

MARGARET, *près de Grand-père.*

Père...

GRAND-PÈRE

Oui ?

MARGARET

Vous avez mis la robe de chambre de Brick. N'est-ce pas qu'elle est douce ?

GRAND-PÈRE

Comme mon anniversaire... *(En coulisse, les ouvriers agricoles commencent à chanter avec Sookey en vedette : « I just can't stay here by myself ».)* Je n'ai plus besoin de rien, maintenant, que de douceur... L'anniversaire de la douceur...

(Maggie s'agenouille devant Grand-père.)

GOOPER

Maggie, je t'en prie, c'est indécent...

EDITH

Pis que ça, déloyal...

(Grand-père, du geste, les fait taire.)

MARGARET

Et vous portez aussi mes pantoufles chinoises...

GRAND-PÈRE

Tenue d'anniversaire ! Couvert de cadeaux de la tête aux pieds !

MARGARET

J'ai encore quelque chose à vous donner, Grand-père.

GRAND-PÈRE

Tu me combles.

MARGARET

Mon vrai cadeau. Je crois que vous l'aimerez... Je porte une petite vie...

GOOPER

Comment ?

EDITH

Qu'est-ce qu'elle a dit ?

GRAND-PÈRE

Silence.

MARGARET

Je porte dans mon ventre un peu de la vie de Brick. Ce sera l'enfant de Brick et de Maggie la chatte. Et voilà mon cadeau.

(Grand-père regarde Brick qui traverse la

chambre derrière lui et va vers la porte premier plan gauche.)

EDITH

C'est un mensonge !

GRAND-PÈRE

Non. Relève-toi, Maggie. *(Il l'aide à se relever. Il fait quelques pas vers la droite, prend un cigare dans la poche de sa robe de chambre et en détache le bout d'un coup de dent. Pendant tout ce jeu de scène, il regarde attentivement Margaret.)* Non, c'est la vérité : le corps de cette femme est fait pour donner la vie.

BRICK

Seigneur !

GRAND-PÈRE, *à Brick.*

Silence, toi aussi. C'est la pure vérité.

GRAND-MÈRE

Le rêve de Grand-père !

GRAND-PÈRE

Gooper, dis à mon notaire qu'il vienne me voir demain.

GOOPER

Mais, Père...

GRAND-PÈRE

Demain matin. *(Il va vers la droite, au-dessus du canapé.)* Et maintenant je m'en vais...

BRICK

Où allez-vous, Grand-père ?

GRAND-PÈRE

Sur le toit de ma maison, contempler mon royaume, avant de le remettre... quatorze mille hectares !... des terres les plus riches d'ici à la vallée du Nil !

(Il sort par la porte droite, puis par la véranda premier plan droite.)

GRAND-MÈRE, *le suit.*

Puis-je aller avec toi, mon chéri, mon chéri ?... Puis-je aller avec toi ?...

(Grand-père ne répond pas. Elle sort derrière lui. Margaret est debout près du miroir. Un temps.)

GOOPER, *va au bar.*

Je prendrai bien un whisky.

BRICK

Je comprends ça. Sers-toi.

GOOPER

Trop aimable.

EDITH

Nous savons tous bien entendu que c'est un damné mensonge !

GOOPER, *il boit.*

Un peu de calme, Edith.

EDITH, *va vers Gooper.*

Une ignoble invention !

GOOPER

Du calme, je t'ai dit.

EDITH

Cette femme n'est pas enceinte !

GOOPER

Et qui donc dit qu'elle l'est ?

EDITH

Mais elle-même !

(Fin de la chanson des ouvriers agricoles.)

GOOPER

Et comment aurait-elle conçu un enfant d'un homme qui ne couche pas avec elle...

EDITH

Il couche sur le divan. Il ne peut pas la souffrir. Il est forcé de boire, de boire sans arrêt, pour pouvoir seulement vivre dans la même chambre qu'elle. *(Elle va à Margaret.)* Comment peux-tu prétendre ?... Comment, comment peux-tu ?...

BRICK, *va à Edith et, la prenant par le bras.*

Et toi, comment peux-tu, comment peux-tu prétendre que je ne couche pas avec Maggie ?

EDITH

Parce que le mur qui sépare votre chambre de la nôtre est mince comme du papier...

BRICK

Ah !...

EDITH

Chaque soir, elle te supplie, et chaque soir, tu la repousses. N'espère pas nous duper, ni tromper ce pauvre homme...

BRICK

Nous faisons peut-être l'amour sans bruit. Il y a des amants tonitruants, je sais, mais il y a aussi des amants silencieux.

GOOPER, *derrière le canapé.*

Ce débat est stupide !

BRICK

Pourquoi ne serions-nous pas des amants silencieux ?... D'ailleurs, quand Gooper est à Memphis et que, toi, tu joues au golf ou à la canasta, comment peux-tu savoir ce que Maggie et moi faisons dans cette chambre ? Comment peux-tu le savoir ?

(Il va vers le divan.)

EDITH

Brick, vraiment, tu me révoltes ! Jamais je n'aurais pensé que tu t'abaisserais au niveau de cette femme. Jamais je ne l'aurais cru !

BRICK, *s'assoit sur le divan.*

Faites-vous une raison ! Vous avez entendu les paroles de Grand-père : « Cette femme a le corps fait pour donner la vie. »

EDITH

Qu'est-ce qu'il en sait ?

BRICK

C'est vrai. La vie, c'est quelque chose d'acharné, de furieux, et Maggie l'a dans le ventre... Quelque chose d'acharné et de désespéré qui ressemble à Maggie. *(Il se lève et va au bar.)* Et maintenant, je vous en prie, cessez de vous comporter comme si le nommé Brick Pollitt était un type foutu, liquidé, supprimé. Je suis saoul, c'est certain... et j'ai envie de dormir, mais je tiens le coup, n'ayez crainte... Je ne suis pas tout à fait aussi vivant que Maggie, mais je suis tout de même vivant...

GOOPER

Parfait ! *(Il prend sa sacoche sous le lit. A Edith :)* Allons-nous-en ! Laissons ces tourtereaux roucouler dans leur nid.

EDITH

Oui, un beau nid de vermine !... Sales menteurs !

GOOPER

Du calme !

EDITH

Sales menteurs ! Sales menteurs !

(Elle sort par le couloir.)

GOOPER

Nous allons voir venir, tu comprends, mon petit vieux. *(Il passe à la droite du bar.)* Nous allons simplement voir venir les choses !

(Il sort par le couloir. La pendule sonne douze coups. Maggie et Brick se regardent. Il boit lentement, pose son verre sur le bar. Petit à petit son expression se transforme. Il respire tout à coup très fort. Son expiration trouve son écho chez les chanteurs qui, en coulisse fond droite, commencent à vocaliser : « Give me a cool drink of water fo' I die ».)

MARGARET

C'est le clic ?

BRICK

Lui-même.

MARGARET

Bravo ! C'est donc que l'éloquence peut le déclencher chez toi aussi bien que le silence.

BRICK

J'ai été éloquent ?

MARGARET

Mieux que ça, persuasif. Tu as vu le résultat.

(Elle montre la porte par où les Gooper sont sortis.)

BRICK

O.K., Maggie, O.K.

(Il va lentement vers le lit.)

MARGARET

Une petite question, Brick. Est-ce que tu étais sincère ?

BRICK

Comment ?

MARGARET

Parfaitement sincère ?

(Un petit temps.)

BRICK

Je me le demande moi-même.

(Machinalement il prend l'oreiller sur le lit et va vers le divan.)

MARGARET

Ah ! mais non ! *(Elle bondit, lui arrache l'oreiller. Elle se tient face à Brick, l'oreiller serré contre elle.)* Parce que moi, Brick, je suis sincère, je te préviens. Totalement sincère !

BRICK

Je sais, Maggie, je sais.

MARGARET, *court au lit, y jette l'oreiller, se retourne.*

Et d'une !

BRICK, *à lui-même, en souriant.*

Quelque chose d'acharné... diablement acharné...

MARGARET

Et ça n'est pas fini ! *(Elle va au bar et s'empare de toutes les bouteilles. Brick, debout près du canapé, la regarde. Elle va dans l'entrée et lance, l'une après l'autre, toutes les bouteilles sur la pelouse, à l'arrière-plan gauche. Elle rentre dans la chambre et fait face à Brick.)* Et de deux !

BRICK, *de même.*

Quelque chose de furieux... d'acharné et de furieux... *(A Maggie.)* Je vais dire à Lacey d'aller me racheter de quoi boire.

MARGARET

Et moi, je dirai à Grand-père de retenir Lacey. Et il le fera, tu sais.

BRICK

Alors, j'irai moi-même...

MARGARET

Avec ta patte cassée ?... Non, mon petit garçon. Je suis plus forte que toi. Il m'a fallu du temps pour m'en apercevoir, mais ça y est : je le sais.

BRICK

J'ai peur de commencer à le savoir aussi.

MARGARET

Pourquoi peur ? La force soulage l'amour de la crainte et de la gêne. Je crois que je vais pouvoir t'aimer librement. *(Elle va lentement à lui.)* J'ai menti à Père, mais nous pouvons changer ce mensonge en vérité... n'est-ce pas ?... Puis nous boirons tous deux... nous boirons tous les deux, dans cette chambre que la mort a traversée... Tu ne dis rien, mon chéri ?

BRICK

Je pense au vieux roi, contemplant son royaume... *(Il lève les yeux vers le plafond.)* Le vieux roi sur son toit, au-dessus de son royaume... tellement au-dessus déjà...

(Il va vers le lit et s'assoit, du côté gauche. Margaret éteint le plafonnier et s'agenouille près de lui.)

MARGARET

Ah, vous autres, hommes faibles et merveilleux qui mettez tant de grâce à vous retirer du jeu ! Il faut qu'une main, posée sur votre épaule, vous pousse vers la vie... *(Elle lui effleure la joue.)* Cette main tendre et légère... *(Tout bas.)* Je t'aime, Brick, je t'aime.

BRICK

Je pense que je vais finir par le croire, Maggie.

RIDEAU

LA DESCENTE D'ORPHÉE

(ORPHEUS DESCENDING)

Adaptation de Raymond Rouleau

DISTRIBUTION

(par ordre d'entrée en scène)

JENNY	NOELLE LEIRIS
DOLLY	MARYSE SIMONNEAU
LOUIS	JEAN GRAS
TOM	HERVÉ SANDRY
CAROL	CLAUDE GÉNIA
CONSTANCE	MAGDELAINE BÉRUBET
ROSE	TONI MAG
LE SORCIER	DOUTA SECK
VAL	JEAN BABILÉE
ÈVE	ANDRÉE TAINSY
LADY	ARLETTY
JOB	LOUIS DUCREUX
LE SHÉRIF	GEORGES LYCAN
LA GARAGISTE	DANIELLE LUCCIONI
DAVID	PIERRE TABARD
Mlle PORTE	JEANNE HERVIALE
LE CLOWN	MAURICE DERVILLE
DUBINSKI	JEAN SAYOUS

La Descente d'Orphée a été créée le 16 mars 1959, au Théâtre de l'Athénée, dans la mise en scène de Raymond Rouleau et les décors de Lila de Nobili.

« Moi aussi je commence à ressentir un immense besoin de devenir un sauvage et de créer un monde nouveau. »

Auguste STRINDBERG,
dans une lettre
à Paul Gauguin.

ACTE PREMIER

TABLEAU I

Le décor représente un magasin de nouveautés et un bar attenant, dans une petite ville du sud des États-Unis. Le plafond et les murs, sombres et sales, sont souillés par des traînées de moisissures et par des toiles d'araignée. Deux grandes baies poussiéreuses s'ouvrent sur le vide inquiétant du dehors.

L'action se déroule pendant la saison des pluies, à la fin de l'hiver, et, parfois, les fenêtres prennent un aspect argenté, opaque mais scintillant sous les nappes de pluie. La porte se trouve entre les deux fenêtres et sur la vitre on lit, à l'envers, en lettres d'or démodées : « MAISON TORRANCE ».

Les articles à vendre, très clairsemés, échappent au réalisme. Des coupons de cretonne et de percale sont enroulés sur de grandes palettes de bois ; le squelette noir d'un mannequin de couturière se dresse absurdement contre une mince colonne blanche ; au plafond il y a un ventilateur immobile d'où pendent des bandes de papier attrape-mouches.

A gauche, un comptoir au pied de l'escalier dont les marches conduisent à un palier puis disparaissent au-dessus. Et sur ce palier, il y a un palmier artificiel, dans une jardinière d'un brun verdâtre.

Mais le bar, à droite. qu'on voit en partie par une

large porte voûtée, est presque toujours plongé dans la pénombre.

Un petit réduit, sous le palier. Il est masqué par une tenture orientale, usée, fanée, mais où l'on voit encore le dessin pompeux d'un arbre d'or portant des fruits écarlates et des oiseaux fantastiques.

Deux femmes de petits planteurs, encore assez jeunes, Dolly et Jenny, sont en train de disposer des couverts et un dîner froid sur une petite table de marbre. Elles sont habillées avec mauvais goût.

Un train siffle au loin. Des aboiements lui répondent.

Les deux femmes se précipitent vers le bar en criant d'une voix stridente :

JENNY

Louis !

DOLLY

Tom ! Voilà le « Boulet de canon ». Vite, il va entrer en gare !...

JENNY

Le train arrive... dépêchez-vous !

(Leurs maris traversent le magasin en traînant les pieds. Lourds, rougeauds, ils sont habillés de vêtements trop étroits ou trop grands pour eux, et chaussés de bottes tachées de boue.)

LOUIS

Ce gangster mécanique m'a bouffé cent nickels et il en a recraché cinq.

TOM

Il n'a pas dû les digérer !

LOUIS, *de mauvaise humeur.*

Il faudra que je dise deux mots à Job à propos de ses machines à sous.

(Ils sortent par la porte principale.)

DOLLY

Je parie que Job a d'autres soucis que les machines à sous.

JENNY

Tu peux le dire ! La dernière fois que j'ai vu le docteur, je lui ai demandé ce qu'il pensait de l'opération de Job à Memphis. Eh bien... !

DOLLY

Qu'est-ce qu'il a dit ?

JENNY

Le pire qu'un docteur puisse dire.

DOLLY

Quoi ?

JENNY

Rien, il n'a pas dit un mot ! Il m'a regardée, avec ses gros yeux noirs qu'il a et... c'est tout...

DOLLY, *avec une lugubre satisfaction.*

Je pense que c'est l'arrêt de mort de Job qu'il a signé en te regardant comme ça !

JENNY

C'est exactement ce que je me suis dit. Si je comprends bien, ils l'ont ouvert...

(Elle fait une pause pour prendre une olive sur la table.)

DOLLY

Et puis ils l'ont refermé... Ça ne valait pas la peine d'aller à Memphis pour ça !

JENNY

Je ne savais pas que ces olives avaient des noyaux.

DOLLY

Tu croyais qu'elles étaient fourrées ?

JENNY

Où est Constance ?

DOLLY

Devine.

(Jenny traverse la scène et va au pied de l'escalier.)

JENNY

En train de farfouiller là-haut avec sa fille ! Si Lady les attrape, elle va drôlement les engueuler. Elle n'est pas macaroni pour rien.

DOLLY

Ça ! Tu l'as dit, ma jolie... En tout cas, j'ai été bien étonnée, moi, quand je suis allée là-haut.

JENNY

Tu es allée là-haut ?

DOLLY

Oui. Et toi aussi Jenny.

JENNY

Je n'ai jamais dit que je n'y étais pas allée. La curiosité, c'est humain.

DOLLY

Tu sais l'impression que ça m'a fait ? Une prison ! Je te jure, ça n'a pas du tout l'air d'un endroit où vivent des Blancs. C'est vrai...

JENNY, *sombrement.*

Eh bien, moi, ça ne m'étonne pas. Job a acheté cette femme.

DOLLY

Acheté ?

JENNY

Ouais. Il l'a achetée et il l'a achetée pour pas cher, parce qu'elle avait été plaquée, le cœur brisé, par David... Tu sais, le grand frère de Carol Cutrere. Oh ! comme il était... Mm !... ce qu'il était beau ! Eh bien, il l'a quittée, l'été où la « Brigade mystique » a mis le feu à la guinguette du père de Lady parce qu'il avait servi de l'alcool à des nègres. Et le père de Lady a été brûlé vif en luttant contre l'incendie.

DOLLY

Seigneur, ayez pitié de nous !

JENNY, *allant vers Dolly.*

Et après cette histoire, David n'a plus voulu de Lady, et il l'a... balancée.

(Un rire léger les fait sursauter. Elles se retournent. Carol Cutrere est dans l'embrasure de la porte. Elle a plus de trente ans, elle n'est pas jolie ; mais elle a une présence étrange, changeante, qui est accentuée jusqu'au fantastique par son maquillage. Son visage et ses lèvres sont poudrés de blanc, ses yeux agrandis au crayon noir, ses paupières peintes en bleu. Elle porte un des noms les plus anciens et les plus distingués de la région.)

DOLLY

Quand on parle du loup...

JENNY

Il y a des gens qui semblent ignorer que le magasin est fermé...

DOLLY

Tu comprends, toi, qu'on veuille se donner un air aussi grotesque ?

JENNY

Oh ! Il y a des gens qui feraient n'importe quoi pour qu'on les remarque.

(Pendant cet échange de répliques, prononcées juste assez fort pour qu'elle les entende, Carol est allée au taxiphone, derrière le comptoir, et elle y a mis une pièce de monnaie.)

CAROL, *au taxiphone.*

« Donnez-moi le 0370, à La Nouvelle-Orléans... Comment ? Oh ! attendez une seconde... »

(Constance Temple est en train de descendre l'escalier, lentement, comme si elle était saisie d'horreur sacrée à la vue de Carol. Celle-ci ouvre le tiroir-caisse et en retire quelques pièces de monnaie qu'elle va mettre dans le taxiphone.)

JENNY

Oh ! Elle se sert dans la caisse !

(Constance passe devant Carol comme un enfant peureux longe une cage à lions.)

CAROL, *à Constance.*

Bonjour, Bébé.

CONSTANCE

Je m'appelle Constance.

CAROL

Bonjour, Constance.

CONSTANCE

... Bonjour... *(Puis elle murmure très fort en allant vers Jenny et Dolly.)* Elle a pris de l'argent dans la caisse.

DOLLY

Oh ! elle peut faire ce qu'elle veut : c'est une Cutrere !

JENNY

Eh bien, merde !

CONSTANCE

Pourquoi est-ce qu'elle est pieds nus ?

JENNY

La dernière fois qu'on l'a arrêtée sur la route, il paraît qu'elle était toute nue sous son manteau.

CAROL, *à la téléphoniste.*

« Bon, j'attends ! » *(Puis aux femmes.)* J'ai pris mon talon dans ce trottoir de bois pourri, et ça l'a cassé net. *(Elle montre la chaussure, qu'elle tient à la main.)* Il paraît que, si on perd son talon le matin, ça veut dire qu'on trouvera le grand amour de sa vie avant la tombée de la nuit. Mais il faisait déjà nuit quand j'ai perdu mon talon. Peut-être que je trouverai le grand amour de ma vie avant l'aube, n'est-ce pas, trésor ?...

(Sa voix est curieusement claire et enfantine. Rose Temple paraît sur le palier.)

ROSE

Ce n'est pas eux ?

CONSTANCE

Non, c'est Carol !

CAROL, *au téléphone.*

« Continuez à sonner, s'il vous plaît ; à cette heure-ci il est saoul... *(Rose passe devant elle comme l'avait fait*

Constance, et rejoint sa mère.) Ça prend parfois beaucoup de temps de traverser le salon à quatre pattes... »

ROSE

Quelle déchéance !

CONSTANCE

Oui !... ça vaut la peine d'être vu !

CAROL

« Bertie ? Carol !... Salut, chéri !... Tu as buté sur quelque chose, hein ?... J'ai entendu une de ces dégringolades... Voilà, je suis sur la route, et tout est arrangé... Oui... on me rend ma pension... à condition que je ne remette plus jamais les pieds ici. Ça... il a fallu que je fasse un peu de chantage... Oui... Je suis arrivée au dîner avec les yeux peints en vert et ma veste à sequins, l'air complètement folle, et alors Betsy Boo, la femme de mon frère, a dit : « Carol, vous allez à un bal costumé ? » Alors je lui ai dit : « Non, je vais simplement faire du "jooking" cette nuit, sur la route de Memphis, comme au temps où je vivais ici... » Et alors, mon chou, en un clin d'œil, elle a filé et elle est revenue avec l'encre encore humide sur le chèque !... Je te jure... Et ce sera comme ça tous les mois tant que je vivrai loin des Deux-Rivières... *(Elle rit gaiement en regardant les femmes qui écoutent.)* Oui, mon chou, je vais rouler droit devant moi, sans m'arrêter... pour prendre personne ! Je te retrouverai au Star, ou, si je suis irrésistiblement retardée, je te rejoindrai sans faute au bar du Soleil-Levant pour prendre un café avant la fermeture des boîtes de nuit... Bye-bye !... » *(Un rire indéfinissable, puis elle raccroche.)* Voyons un peu, maintenant...

(Elle sort un revolver de la poche de son trench-coat et va derrière le comptoir pour le charger.)

CONSTANCE

Qu'est-ce qu'elle cherche ?

ROSE

Demande-le-lui.

CONSTANCE, *s'approchant.*

Qu'est-ce que vous cherchez, Carol ?

CAROL

Des balles pour mon revolver.

(Constance recule vers Rose.)

DOLLY

Elle n'a pas de permis de port d'armes.

JENNY

Elle n'a pas non plus de permis de conduire.

CAROL

Si je m'arrête pour quelqu'un, je veux être sûre que c'est quelqu'un pour qui je peux m'arrêter.

DOLLY

Il faudra parler de ça au shérif quand il reviendra de la gare.

CAROL

Dites-le-lui, mesdames. Je lui ai déjà fait savoir que, s'il essaie encore de m'arrêter sur la route, je réglerai l'affaire avec lui à coups de revolver.

JENNY

Quand on commence à avoir des ennuis avec la police...

(Sa phrase est interrompue par un cri de panique poussé par Constance et aussitôt répété par Rose. Dolly se détourne et se cache le visage dans les mains.
Un sorcier noir est entré dans le magasin. Ses vêtements en lambeaux sont ornés de talismans, d'amulettes, de coquillages, d'os

et de plumes. Sa peau d'un noir bleuté est peinturlurée de mystérieux signes blancs.)

DOLLY, *à voix basse.*

Faites-le sortir ! Il va jeter un sort sur mon enfant !

JENNY

Oh, ta gueule, Dolly... *(Le sorcier avance ; de sa bouche édentée sort un marmonnement rapide et doux, qui bruisse comme le vent dans l'herbe sèche. Il tient quelque chose dans sa main tremblante.)* C'est le sorcier fou de Montagne-Bleue. Il ne ferait pas de mal à une mouche.

CAROL, *d'une voix forte et claire.*

Viens ici, grand-père, montre-moi ce que tu as là. Oh ! c'est un os. Non, je ne veux pas le toucher, il n'est pas nettoyé, il y a encore de la chair collée dessus. *(Les femmes manifestent leur répugnance.)* Il faut le laisser longtemps au soleil et sous la pluie jusqu'à ce que la pourriture soit brûlée et lavée, alors ce sera un bon talisman, n'est-ce pas ? *(Le Noir s'incline en signe d'obéissance.)* Oncle Cornu, fais-nous entendre le cri Choctaw. *(Le Noir s'arrête dans le bar.)* Il est à moitié Choctaw, il connaît le cri Choctaw.

ROSE

Pas ici ! Ne le faites pas hurler ici !

CAROL

Vas-y, grand-père, tu connais le cri !

(Elle-même commence à crier ; le sorcier renverse la tête et reprend le cri : une gamme d'aboiements qui s'élève jusqu'à une haute note soutenue, d'une sauvage intensité. Les femmes sur le palier remontent l'escalier. C'est à ce moment précis que Val entre dans le magasin, comme si le cri l'avait évoqué. C'est un jeune homme

d'environ trente ans, d'une beauté sauvage. Il ne porte pas de blue-jeans ou de maillot de corps, mais des pantalons de serge, luisants d'usure et pas trop collants. Mais ce qu'il y a de plus remarquable dans son costume, c'est sa veste en peau de serpent, tachetée de blanc et de gris. Il tient à la main une guitare, couverte d'inscriptions.)

CAROL, *en regardant le jeune homme.*

Merci, grand-père.

(Val regarde Carol avec un intérêt tranquille. Carol sourit. Le sorcier attend son dollar.)

JENNY

Fous le camp, sale nègre ! Sorcier ! Sors d'ici, sale bête ! *(Carol donne un dollar au Noir. Il sort en ricanant.)* Elle ne s'en fait pas pour jongler avec le fric des autres, celle-là !

(Au-dehors, une voix se plaint de quelque chose... et Ève Talbott entre dans la boutique ; l'ourlet de sa robe est déchiré et traîne par terre. C'est une femme de plus de quarante ans, forte, l'air vague. Elle peint des tableaux à l'huile dans le style « primaire inspiré », elle apporte une de ses toiles, disant d'un ton incertain :)

ÈVE TALBOTT

J'ai pris ma jupe dans la portière de la Chevrolet, et je crois bien que je l'ai déchirée. *(Jenny et Dolly ne semblent pas l'entendre. Elles sont fascinées par l'homme qui accompagne Ève.)* Est-ce qu'il fait vraiment très sombre ici, ou est-ce que je deviens aveugle ? Oh... j'ai peint toute la journée, j'ai fini un tableau en dix heures ; je me suis arrêtée juste une minute pour prendre un café, et je me suis remise au travail pour profiter de ma vision pendant qu'elle était nette et claire. Je crois que ça y est cette fois, mais il n'y a rien de plus épuisant. Ça vous vide de l'intérieur. Vous comprenez, Constance ? De l'intérieur ? Comme si on était brûlé par quelque chose ? Eh bien, ma chère, quand même, quand on a fini, on sent qu'on a rempli une mission, on se sent... grandi, purifié ! Comment allez-vous, Dolly ?

DOLLY

Bien, madame Talbott.

ÈVE

Tant mieux. Et vous, Jenny ?

JENNY

Ça va...

ÈVE

Je n'y vois pas encore très bien... Qui est-ce là-bas ? *(Elle désigne la silhouette de Carol. Un silence significatif accueille cette question.)* Oh ! Je croyais que sa famille l'avait chassée du pays... *(Carol a un très léger rire, un peu triste ; ses yeux reviennent se poser sur le jeune homme.)* Job et Lady sont arrivés ?

DOLLY

Mon mari et Tom sont allés les attendre à la gare. Le train de Memphis a du retard.

ÈVE

Ah ! Bon. J'arrive juste à temps. Heureusement que j'ai apporté mon tableau ; la peinture est encore fraîche. J'ai pensé que peut-être Lady voudrait l'accrocher dans la chambre de Job pendant qu'il se remet de son opération, parce que ceux qui ont frôlé la mort aiment ce qui leur rappelle le souffle de l'Invisible. Hein ? Oui ! c'est l'ascension du Saint-Esprit !...

DOLLY, *regardant la toile.*

Vous ne lui avez pas fait de tête.

ÈVE

La tête était une flamme resplendissante... c'était comme ça !... c'est comme ça que je l'ai vue... dans ma vision...

DOLLY, *désignant Val.*

Qui est ce jeune homme ?

ÈVE

Oh ! pardon, je suis trop fatiguée pour faire attention aux bonnes manières. M. Valentin Xavier, Mme Hamma et Mme... Pardonnez-moi, Jenny, je ne peux jamais me rappeler le nom de votre mari...

JENNY, *maussade.*

Je vous pardonne. Je m'appelle Binnings.

ÈVE, *achevant les présentations.*

Mme Temple et sa fille Rose.

VAL

Qu'est-ce que je dois faire avec ça ?

(Il tient à la main un bol de porcelaine recouvert de papier glacé.)

ÈVE

Oh ! c'est le sorbet. J'ai pensé que Job aurait peut-être envie de quelque chose de léger et de facile à digérer. Alors je lui ai apporté un sorbet. Il est à l'ananas.

DOLLY, *sarcastique.*

Il vaudrait mieux le mettre à la glacière avant qu'il ne fonde.

JENNY, *regardant sous le papier qui recouvre le bol.*

J'ai l'impression que vous fermez l'écurie à clé quand le cheval est parti !

DOLLY

C'est fondu ?

JENNY

C'est tout liquide.

ÈVE

Oh ! zut ! Enfin, mettez-le dans la glacière quand même ; peut-être qu'il redeviendra dur... *(Les femmes sont toujours en train de regarder Val.)* Où est la glacière ?

JENNY

Dans le bar.

ÈVE

Je croyais que Lady avait fermé son bar depuis que Job est malade...

JENNY

Oui, mais le frigidaire est toujours là.

(Val sort par le bar. Les femmes le suivent des yeux, puis elles se retournent vers Ève.)

ÈVE, *avec embarras.*

M. Xavier n'est pas d'ici. Son auto est tombée en panne cette nuit pendant la tempête et je l'ai fait coucher dans la prison. Il cherche du travail et je vais le présenter à Lady, parce que si Job ne peut pas travailler, ils vont avoir besoin de quelqu'un pour le magasin.

JENNY, *ironique.*

Très bonne idée...

DOLLY

Très...

JENNY, *à Dolly.*

Viens. Ils ont dû s'arrêter en revenant de la gare.

DOLLY

Oui, ils sont allés avec Louis acheter de l'alcool.

(Elles sortent.)

ÈVE, *montant l'escalier.*

Je vais accrocher le tableau dans la chambre de Job... Ça lui fera une surprise.

(Val réapparaît, va vers le comptoir et y pose sa guitare. Carol s'approche de lui en le regardant avec la curiosité candide d'un enfant qui en observe un autre. Il ne lui prête aucune attention, mais il sort son couteau et se plonge dans la réparation de la boucle de sa ceinture.)

CAROL

Qu'est-ce que vous faites ?

VAL, *sèchement.*

J'arrange la boucle de ma ceinture, mademoiselle.

CAROL

Les garçons comme vous sont toujours en train d'arranger quelque chose. Vous pourriez arranger ma chaussure ?

VAL

Qu'est-ce qu'elle a, votre chaussure ?

CAROL

Pourquoi faites-vous semblant de ne pas me reconnaître ?

VAL

Il est difficile de reconnaître quelqu'un qu'on voit pour la première fois.

CAROL

Ah oui ? Alors, pourquoi aviez-vous l'air si effrayé quand vous m'avez vue tout à l'heure ?

VAL

Moi ?

CAROL

Vous, oui... j'ai cru que vous alliez vous sauver en courant...

VAL

La vue d'une fille peut me faire marcher vite, mais je ne crois pas que ça m'ait jamais fait courir... Vous me bouchez la lumière, mademoiselle.

CAROL

Oh ! pardon...

VAL

Merci.

CAROL

Je peux voir votre bracelet-montre ?

VAL

Hein ?

(Il l'a caché vivement sous sa manche.)

CAROL

Ça ne fait rien. Je l'ai vu. C'est le chronomètre Rolex de mon cousin Bertie qui n'indique pas seulement l'heure, mais le jour de la semaine et le mois... et même les phases de la lune. *(Val ouvre de grands yeux interdits.)* Gardez-le. Je ne dirai rien, mais s'il le faut, un jour, je peux prouver que je vous connais... C'était le réveillon du Jour de l'An à La Nouvelle-Orléans, et vous...

VAL

Il me faudrait une paire de petites pinces...

CAROL

Vous portiez cette veste, et vous aviez une bague à la main gauche... Oui, un serpent en or, avec un rubis à la place de l'œil, comme celui que je vois à votre doigt en ce moment. *(Val commence à siffler doucement. Carol sourit.)* Vous nous avez dit que c'était le cadeau d'une dame ostéopathe que vous aviez rencontrée quelque part dans vos voyages, et que chaque fois que vous étiez fauché, vous lui envoyiez un télégramme à ses frais. « Et je peux être à l'autre bout du monde — avez-vous dit — je peux ne pas l'avoir vue pendant des mois, elle m'envoie par retour un mandat de vingt-cinq dollars, avec toujours le même tendre message : « Je t'aime. Quand reviendras-tu ? » Et pour prouver que c'était vrai — ce n'était d'ailleurs pas difficile à croire — vous avez tiré de votre portefeuille le dernier de ces tendres messages et vous nous l'avez montré... *(Elle renverse la tête en riant doucement. Il se détourne encore davantage, et s'absorbe dans la réparation de la boucle.)* Nous vous avons suivi dans cinq boîtes avant de vous aborder, et c'est moi qui vous ai parlé la première. Je suis allée au bar, j'ai touché votre veste, et j'ai dit : « En quoi est-ce ? » et quand vous avez dit que c'était de la peau de serpent, j'ai dit : « Vous auriez dû me prévenir avant que je la touche. » Et vous avez répondu quelque chose de pas gentil. Vous m'avez dit que ça m'apprendrait à ne pas fourrer mes mains partout. J'étais saoule, et il était trois heures du matin... *(Elle s'approche de Val.)* Vous vous souvenez de ce que j'ai dit ? J'ai dit : « Sur cette terre, qu'est-ce qu'il y a d'autre à faire que s'accrocher à tout ce qui passe, jusqu'à ce que nos doigts soient arrachés ? » Vous m'avez lancé un regard rapide, et sérieux, et puis vous avez pris votre guitare, et vous avez commencé à chanter. Après votre chanson, vous avez fait la quête. Chaque fois qu'un billet tombait dans la soucoupe, vous donniez un coup de sifflet. *(Val va s'asseoir au pied de l'escalier.)* Mon cousin Bertie et moi, nous avons mis cinq dollars, vous avez donné cinq coups de sifflet, et puis vous vous êtes assis à notre table et vous nous avez montré toutes ces signatures sur votre guitare... Pas de rectification jusqu'à maintenant ?

VAL

Pourquoi est-ce que vous voulez tellement prouver que je vous connais ?

CAROL, *allant s'asseoir à côté de lui.*

Parce que je voudrais vous connaître encore mieux... J'aimerais faire du jooking avec vous cette nuit.

VAL

Qu'est-ce que c'est, du « jooking » ?

CAROL

Vous ne savez pas ce que c'est ? On prend une voiture, on boit un peu, on roule un peu, et on s'arrête pour danser un peu au son d'un juke-box ; et puis on boit un peu plus, on roule un peu plus, et on s'arrête pour danser un peu plus au son d'un juke-box, et puis on s'arrête de danser, et on se contente de boire et de rouler et puis on s'arrête de rouler, et on se contente de boire, et puis, finalement, on s'arrête de boire...

VAL, *après un silence.*

Et alors, qu'est-ce qu'on fait ?

CAROL, *riant.*

Ça dépend du temps et de la personne avec qui on fait le jooking. S'il fait beau cette nuit-là, on déroule une couverture au milieu des tombes de la colline des Cyprès, c'est le jardin à squelettes de la région..., mais s'il fait mauvais — et cette nuit il fera certainement mauvais — on va au motel de Bois-Sauvage, sur la route du Dixieland...

VAL, *il se lève et va au comptoir.*

C'est bien ce que je pensais. Mais moi, j'ai changé de route. Passer son temps à boire, à fumer et à se trémousser avec des étrangers, c'est bon pour des gosses autour de la vingtaine, mais c'est mon trentième anniversaire aujourd'hui, et pour moi, c'est fini tout ça ; j'ai changé de route. *(Il lui lance un regard sombre.)* Je ne suis plus jeune.

CAROL, *riant.*

A trente ans on est jeune ! Du moins je l'espère.

VAL

Non, on n'est plus jeune à trente ans si on ne s'est pas arrêté de faire une fête à tout casser depuis l'âge de quinze ans !

(Il prend sa guitare, et se met à jouer et à chanter « Heavenly Grass ». Il s'arrête au milieu de la chanson.)

CAROL, *charmée.*

Continuez...

VAL

J'ai la gorge sèche.

(Carol prend un flacon de bourbon dans la poche de son trench-coat ; elle le lui passe.)

CAROL

Tenez.

(Elle est tout près de lui. Constance, qui a assisté à toute la scène du haut de l'escalier, dit d'un ton tranchant :)

CONSTANCE

M. Xavier ne boit pas.

CAROL

Oh ! Mille excuses !

ÈVE, *qui a rejoint Constance depuis un instant.*

Et si vous vous conduisiez un peu mieux, votre père ne serait pas cloué au lit par la paralysie !

(Bruit d'auto, à l'extérieur, devant le magasin. Dolly et Jenny entrent en disant : « Le voilà. »
Lady et Job arrivent ensuite. Lady peut avoir n'importe quel âge, entre trente-cinq et quarante ans, mais sa silhouette est jeune. C'est une femme qui a subi un violent choc psychologique dans sa jeunesse et elle est prête à sombrer dans l'hystérie. Sa voix est souvent criarde et son visage est crispé. Mais dans les moments de détente, elle retrouve une douceur de jeune fille et paraît dix ans de moins.)

LADY

Entre, Job. Il y a un comité d'accueil pour nous recevoir ; ils ont même préparé un dîner froid... Une chaise !...

(Tom, Louis et le shérif entrent, ils installent Job sur une chaise. C'est un homme décharné, au teint gris et jaune. Il a l'air d'un loup.)

JENNY, *parlant comme à un enfant.*

Regardez donc qui est là !

DOLLY, *même jeu.*

Oh ! mais c'est Job !

JENNY

On ne me fera jamais croire qu'il a été malade. On dirait qu'il revient de Miami !

DOLLY

Il n'a jamais eu l'air si bien portant !

JENNY

Il veut tromper son monde. Ah ! ah ! moi, je ne marche pas !

JOB

Ouf ! Jésus... Je suis salement... fatigué...

(Un silence gêné. Tous les yeux sont fixés avidement sur le moribond, qui arbore un sourire crispé, et tousse nerveusement.)

LOUIS, *débarrassant Job de son pardessus.*

Tu sais, Job... qu'est-ce qu'on leur a donné à bouffer à tes gangsters mécaniques !

TOM, *jovial.*

Et le billard électrique est aussi chaud qu'un revolver !

LOUIS

Ah ! Ah !

(Constance Temple, dans l'escalier, appelle sa fille.)

CONSTANCE

Rose ! Rose ! Rose ! Cousin Job est arrivé !

(Constance éclate en sanglots.)

LADY

Oh ! Ça suffit, Constance !... Qu'est-ce que vous faites là-haut ?

CONSTANCE, *essuyant ses larmes.*

Ça fait tellement de bien de le revoir, ça fait tellement de bien de revoir notre cousin... Oh ! Job ! Que Dieu te bénisse !

ROSE, *arrivant du garage.*

Où est Job ? Où est notre Job chéri ? Où est notre cousin adoré ?

CONSTANCE

Ici ! Ici ! Rose.

ROSE

Que Dieu bénisse ta précieuse vie ! Et regardez donc ces belles couleurs qu'il a, regardez ça !

JENNY

C'est ce que je viens de dire... Il arrive de Miami, tout bronzé par le soleil de Floride.

JOB, *d'une voix rauque.*

Ce n'est pas de Miami que je reviens, c'est d'un peu plus loin, et si vous voulez bien m'excuser, je m'en vais fêter mon retour... là-baut dans mon lit... parce que je suis... comme qui dirait crevé... *(Il se dirige vers l'escalier, accompagné de Louis et Tom qui l'aident à marcher, tandis que Constance et Rose sanglotent derrière lui dans leurs mouchoirs. Il s'arrête, se retourne vers Lady.)* Je vois qu'on a fait des transformations ici. Oui, oui. Oui, oui... Comment se fait-il qu'on ait déplacé le rayon des chaussures ?

(Hostilité immédiate de Lady.)

LADY

On a toujours eu des ennuis avec la lumière dans ce magasin.

JOB

C'est pourquoi tu as mis le rayon des chaussures loin de la fenêtre ? C'est bien trouvé... Solution très intelligente, Lady.

LADY

Tu sais bien qu'on a commandé un tube fluorescent..., je te l'ai dit...

JOB

Oui, oui. Oui, oui... Demain, je prendrai deux ou trois nègres pour m'aider à remettre le rayon des chaussures près de la fenêtre.

LADY, *avec lassitude.*

Tu fais ce que tu veux : le magasin est à toi.

JOB

Oui, oui. Oui, oui... Merci de me le rappeler.

(Lady se détourne brusquement. Job commence à monter. Louis et Tom le suivent. Les femmes se groupent pour chuchoter.)

JENNY, *à mi-voix.*

Il ne redescendra jamais cet escalier...

DOLLY

Jamais sur deux pieds, ma jolie.

JENNY

Il est tout trempé des sueurs de la mort !

(Rose sanglote.)

CONSTANCE

Rose ! Rose !

JENNY, *allant vers Lady.*

Tu ne dois pas avoir envie d'en parler en ce moment..., mais Louis et moi, on se fait du souci...

LADY

Pour quoi ?

JENNY

L'opération de Job..., elle a réussi ?

DOLLY

Elle n'a pas réussi ?

(Lady pose sur elles un regard mort. Les femmes, sauf Carol, se rapprochent avec avidité, prises d'un intérêt morbide.)

ROSE

Il était trop tard pour une intervention chirurgicale ?

CONSTANCE

Ça n'a pas réussi ? *(On frappe au plafond. Constance se signe.)* Nous prions de tout notre cœur pour que son état ne soit pas désespéré.

(Mais tous leurs visages sourient, inconsciemment. Lady les regarde l'une après l'autre. Puis, elle pousse un petit rire étonné et s'élance vers l'escalier.)

LADY, *comme dans une fuite.*

Excusez-moi, il faut que je monte. Ces coups, c'est Job qui m'appelle...

(Lady monte l'escalier. Les femmes la regardent fixement. Puis Ève fait signe à Val d'attendre et elle monte. Constance et Rose la suivent, mais elles s'arrêtent sur le palier quand Carol parle. Jenny et Dolly s'arrêtent dans le bar et écoutent.)

CAROL

A propos de coups... j'entends des coups dans mon moteur. Ça fait toc-toc, et je demande : « Qui est là ? » Et je ne sais pas si je suis en communication avec l'esprit d'un de mes ancêtres, ou si mon moteur est en train de me laisser tomber, en pleine nuit, sur la route du Dixieland. *(Elle va vers Val.)* Vous savez bricoler, vous... j'en suis certaine. Vous seriez très gentil si vous veniez faire un tour dans ma voiture avec moi... pour entendre les coups du moteur.

VAL

Je n'ai pas le temps.

CAROL

Qu'est-ce que vous avez à faire ?

VAL

J'attends. On va peut-être me donner du travail dans ce magasin.

CAROL, *elle le rejoint près du poêle.*

Moi, je peux vous donner du travail.

VAL

Je veux un travail qui soit payé.

CAROL

J'ai bien l'intention de vous payer.

(Chuchotements vigoureux des femmes dans le bar et sur le palier.)

VAL

Demain, peut-être.

CAROL

Non ! Je ne peux pas passer la nuit ici. Je n'ai pas le droit de passer la nuit dans le pays. *(Les chuchotements se précisent. Le mot « pourriture » se fait entendre. Carol ne se retourne pas, mais sourit largement.)* Qu'est-ce qu'elles disent de moi ? Vous entendez ce que ces bonnes femmes disent de moi ?

VAL

Calmez-vous, ne vous énervez pas.

CAROL

Je ne suis jamais calme ! Qu'est-ce qu'elles disent de moi ? Que je suis une pourriture ?

VAL

Si vous ne voulez pas qu'on parle de vous, pourquoi est-ce que vous vous maquillez comme ça ?

CAROL

Pour qu'on me remarque ! Je veux qu'on me remarque. Je veux qu'on sache que je suis vivante ! Vous ne voulez pas qu'on sache que vous êtes vivant ?

VAL

J'aime la vie, mais ça m'est bien égal qu'on sache que je suis vivant.

CAROL

Alors, pourquoi jouez-vous de la guitare ?

VAL

Et vous, pourquoi est-ce que vous donnez ce foutu spectacle de vous-même ?

CAROL

Justement pour la même raison.

VAL

Non ! Nous ne suivons pas la même route... *(Il se détourne.)*

CAROL

Je suis une exhibitionniste... Autrefois, j'étais ce qu'on appelle une mordue du Christ, une réformatrice. Vous savez ce que c'est ?... De l'exhibitionnisme sans danger... Je faisais des sermons dans la rue, des discours, j'écrivais des lettres de protestation à propos de l'hécatombe des Noirs dans la région. Je pensais que c'était mal que la pellagre et la famine viennent les décimer quand la récolte du coton était perdue à cause des chenilles. Et j'essayais de faire construire des hôpitaux gratuits. J'y ai mis tout l'argent que m'avait laissé ma mère. Et quand a éclaté l'affaire Mac-Gee — c'était un nègre condamné à la chaise électrique pour avoir eu des rapports immoraux avec une putain blanche... — *(Sa voix devient une sorte d'incantation passionnée.)* j'ai commencé à faire des histoires... Je me suis affublée d'un sac à pommes de terre, et je me suis mise en marche vers le palais du Gouverneur de l'État... pour réclamer sa grâce. C'était l'hiver. J'ai marché pieds nus, vêtue seulement de ce sac, pour remettre ma supplique au Gouverneur en personne. Bien sûr, c'était en grande partie de l'exhibitionnisme. Mais ce n'était pas complètement de l'exhibitionnisme. Il y avait... autre chose... Je ne suis pas allée bien loin ! Six kilomètres sous les huées, les sarcasmes, même les crachats ! A chaque pas... Et puis, on m'a arrêtée. Vous devinez pourquoi ? Attentat à la pudeur sur la voie publique ! Oui. C'était ça le délit : attentat à la pudeur sur la voie publique, parce que, d'après eux, un sac à pommes de terre, c'est un vêtement impudique !

Tout ça, c'est vieux maintenant... Maintenant, je ne suis plus une réformatrice. Je ne suis plus qu'une femme impudique. Et je leur montre, à cette bande de salauds, à quel point une femme impudique peut être impudique, si elle se met au travail de tout son cœur, comme je le fais !

Voilà... Je vous ai raconté mon histoire... L'histoire d'une exhibitionniste... *(Elle lui entoure le cou de son écharpe et se serre contre lui.)*

Je veux que vous fassiez quelque chose pour moi... Vous allez m'emmener sur la colline des Cyprès dans ma voiture. Et nous écouterons parler les morts. Ils parlent, là-bas. Ils bavardent entre eux comme des oiseaux, sur la colline, mais ils ne disent qu'un seul mot : « Vivez... » Ils disent : « Vivez, vivez, vivez, vivez, vivez ! » C'est tout ce qu'ils ont appris, c'est le seul conseil qu'ils puissent donner. Vivez, c'est tout...

(Elle s'écarte de Val.) C'est simple ! C'est un enseignement très simple !... *(Elle sort.)*

(Le murmure continu et indistinct des femmes, semblable à des sifflements d'oies, monte et se transforme en paroles presque inintelligibles.)

LES VOIX DE FEMMES

Pas l'alcool ! La drogue !...
Elle n'est pas normale !...
Les comités de vigilance ont interdit à son frère de la laisser circuler dans la région...
Elle est complètement dévergondée...
Pourrie, oui...
Elle est pourrie !...

(Comme s'il était chassé par leurs voix sifflantes, Val se lève soudain et sort du magasin. A ce moment, Ève apparaît sur le palier et appelle.)

ÈVE

Monsieur Xavier ! Où est M. Xavier ?

JENNY, *sarcastique.*

Il est parti, ma jolie.

DOLLY, *implacable.*

Il faut vous rendre à l'évidence, Ève. Votre candidat au salut éternel vient de passer à l'ennemi.

JENNY

Il est parti avec la fille Cutrere.

ÈVE, *descendant l'escalier.*

S'il y en avait une... une seule parmi vous, femmes, pour donner un meilleur exemple, les jeunes gens d'ici se conduiraient mieux !

JENNY

Qu'est-ce que ça veut dire ?

ÈVE, *elle éclate de chagrin et de rage.*

Ça veut dire que celles qui se saoulent tellement qu'elles ne savent plus qui est leur mari, et celles qui dirigent les Dames Patronnesses mais qui jouent quand même aux cartes le dimanche...

JENNY

Ah ! voilà ! Je sais maintenant d'où viennent ces sales racontars !

ÈVE

Je répète ce qu'on m'a dit. Je n'ai jamais été à ces beuveries, moi !

JENNY

Non, et soyez tranquille, on ne vous invitera pas !

DOLLY

Vous êtes le mouchard de la ville.

JENNY

Une emmerdeuse publique, tu veux dire.

ÈVE

J'essaie de relever le niveau de la moralité ! Par vos orgies, vous détruisez les âmes. C'est tout ce que vous savez faire ! Je remonte ! Je remonte !

(Elle remonte l'escalier en courant.)

JENNY

Je suis contente de lui avoir dit ce que je pensais d'elle. Je ne peux pas la supporter, cette grenouille. *(Ramassant des assiettes.)* Mettons tout ce qui pourrait se gâter dans le frigidaire et filons. Je n'ai jamais été si écœurée !

(La cloche d'une église se met à sonner appelant les fidèles.)

DOLLY

Oh ! Seigneur !

(Elle sort derrière Jenny.)

ROSE, *descendant l'escalier.*

Ah ! ces deux femmes..., elles sont aussi sales que vulgaires.

CONSTANCE, *qui suit Rose.*

La famille de Dolly, à Montagne-Bleue, c'est la lie de la population blanche. Elsa Tucker m'a dit que le père de Dolly passe ses journées assis sur le pas de sa porte, sans souliers, à boire de la bière dans un seau ! Emportons ces fleurs, nous les mettrons sur l'autel.

(Elle prend les fleurs sur la table et les donne à Rose.)

ROSE

Oui, et nous remercierons Job dans le « Bulletin de la Paroisse ».

CONSTANCE, *prenant le pot d'olives.*

Et je vais emporter aussi les sandwiches aux olives. Ils pourront resservir pour le thé du coadjuteur de l'évêque.

ROSE, *en s'en allant.*

Assis sur le pas de sa porte, sans souliers ?

CONSTANCE, *la suit.*

A boire de la bière, dans un seau !

(Elles sortent avec leurs parapluies. Les hommes descendent l'escalier.)

LE SHÉRIF TALBOTT

Si vous voulez mon avis, Job sera sous terre avant que le coton n'en sorte.

LOUIS

Il n'a jamais eu l'air bien portant.

TOM

Non, mais maintenant il est pourri de l'intérieur... Un cadavre qui se promène.

(Ils vont vers la porte.)

LE SHÉRIF

Qu'est-ce que fait ma femme ? Ève !

ÈVE, *du palier.*

Ne hurle pas comme ça ! Il fallait que je dise un mot à Lady au sujet de ce garçon, et je ne pouvais pas parler devant Job, puisqu'il croit qu'il va être capable de reprendre son travail.

LE SHÉRIF

Allez, maman, on file, assez de bêtises...

ÈVE

Je devrais attendre le retour de ce garçon...

LE SHÉRIF, *la poussant devant lui.*

Avance... J'en ai par-dessus la tête de te voir faire l'idiote pour tous les chiens perdus du pays...

(La cloche sonne toujours. Les lumières s'éteignent.)

NOIR

TABLEAU II

Deux ou trois heures plus tard.

Par les devantures, on entrevoit le paysage vaguement éclairé par la lune, sous un ciel où fuient les nuages.

Bruit de pas qui descendent l'escalier.

Lady apparaît sur le palier dans un peignoir en rayonne, elle allume la lampe au-dessus du comptoir et va au téléphone. Son attitude est désespérée, sa voix dure et aiguë.

LADY

Passez-moi la pharmacie... Je sais que la pharmacie est fermée... je suis Mme Torrance, j'ai un malade dans la maison, il revient de l'hôpital... Oui, oui, c'est un cas urgent, eh bien ! réveillez M. Dubinski... Sonnez jusqu'à ce qu'il réponde, c'est urgent... *(Une pause. Elle murmure très bas :)* Oh ! mon Dieu ! Je voudrais être morte, morte, morte...

UNE VOIX, *dans la pénombre du bar.*

Il ne faut pas dire ça, madame...

(Elle sursaute, se retourne et, sans quitter le téléphone, elle ouvre le tiroir-caisse et en sort quelque chose.)

LADY

Qui est là ? *(Une ombre s'avance. C'est Val.)* Qu'est-ce que vous faites ici ? Vous voyez bien que le magasin est fermé ?

VAL, *tranquillement.*

J'ai vu de la lumière, la porte du bar était ouverte, alors je suis revenu pour...

LADY

Vous voyez ça ?

(Elle braque le revolver sur Val.)

VAL

Vous allez me descendre ?

LADY

Et comment — si vous ne partez pas immédiatement, monsieur !

VAL, *s'approchant d'elle.*

Ne vous affolez pas. Je suis simplement revenu chercher ma guitare.

LADY

Chercher votre guitare ? *(Il montre sa guitare gravement.)* Oui...

VAL

J'étais ici tout à l'heure quand vous êtes arrivée de Memphis. Vous vous souvenez ?

LADY, *en l'examinant.*

Oui... Et vous êtes resté dans le magasin pendant tout ce temps-là ?

VAL

Non, je suis parti et je suis revenu.

(Elle remet le revolver dans le tiroir.)

LADY, *à l'appareil.*

Je vous ai dit de sonner jusqu'à ce qu'il réponde ! Sonnez ! Sonnez ! *(Puis à Val.)* Alors, vous êtes parti et vous êtes revenu ?

VAL

Oui.

LADY

Pourquoi ?

VAL

Vous connaissez la fille blonde qui était ici ?

LADY

Carol Cutrere ?

VAL

Elle a dit qu'elle avait des ennuis de moteur et que je pourrais arranger ça...

LADY

Et vous avez arrangé ça ?

VAL

Elle n'avait pas d'ennuis de moteur, ce n'était pas ça ses ennuis. Oh ! bien sûr, elle avait des ennuis, mais ce n'était pas ça.

LADY

Qu'est-ce que c'était, ses ennuis ?

VAL

Elle s'était trompée sur moi.

LADY

Comment ça ?

VAL

Elle croyait que j'avais une pancarte sur le dos : « Étalon à louer ».

(Val dépose sa guitare sur le comptoir.)

LADY

Elle croyait que... ? *(A l'appareil tout à coup :)* Allô ! Monsieur Dubinski ? Je m'excuse de vous tirer du lit, mais je viens de ramener mon mari de l'hôpital de Memphis, et j'ai oublié ma boîte de somnifères... Ça fait trois nuits que je ne dors pas et je n'en peux plus, vous m'entendez, je n'en peux plus, il me faut des somnifères... Eh bien, apportez-les vous-même, nom de Dieu ! Je vous dis que je n'en peux plus ! *(Elle raccroche brutalement.)* Bon Dieu !... Ce magasin est une glacière. *(A*

Val.) A vous maintenant. Qu'est-ce que vous voulez ? Il faut que je remonte.

VAL

Tenez. Mettez ça.

(Il ôte sa veste et la lui tend. Lentement, elle prend la veste, l'examine, caresse avec curiosité la peau de serpent.)

LADY

En quoi est-ce ? On dirait de la peau de serpent.

VAL

Il faut bien le dire, c'est ça.

LADY

Qu'est-ce que vous faites avec une veste en peau de serpent ?

VAL

C'est un peu mon emblème. Les gens m'appellent « Peau-de-Serpent ».

LADY

Qui vous appelle « Peau-de-Serpent » ?

VAL

Les gens, dans les bars, là où je travaille, mais c'est fini tout ça. Je n'ai plus rien à voir avec ce genre de vie...

LADY

Vous êtes... un artiste ?

VAL

Je chante et je joue de la guitare.

LADY

Ah ? *(Elle met la veste.)* Elle tient chaud, c'est vrai.

VAL

C'est... la chaleur de mon corps...

LADY

Vous devez avoir le sang chaud, vous.

VAL

C'est vrai.

LADY

Bon, eh bien, qu'est-ce que vous êtes venu chercher par ici ?

VAL

Du travail.

LADY

Les garçons dans votre genre ne travaillent pas.

VAL

Qu'est-ce que ça veut dire : les garçons dans mon genre ?

LADY

Ceux qui jouent de la guitare et qui racontent à tout le monde qu'ils ont le sang chaud.

VAL

Je n'y suis pour rien, c'est la vérité. Ma température est toujours de quelques degrés au-dessus de la normale. Comme celle d'un chien. C'est normal pour moi comme ce l'est pour un chien. C'est vrai.

LADY

Oui, oui.

VAL

Vous ne me croyez pas ?

LADY

Je n'ai pas de raison de ne pas vous croire, mais qu'est-ce que vous voulez que ça me fasse ?

VAL

Oh !... rien.

(Lady soudain se met à rire doucement. Val sourit avec chaleur.)

LADY

Vous êtes un drôle de phénomène ! Comment êtes-vous venu ici ?

VAL

Je traversais le pays en voiture la nuit dernière, quand un essieu s'est cassé. Alors je suis allé à la prison et Mme Talbott, la femme du shérif, m'a fait coucher dans la cellule, et elle a dit que si je restais ici jusqu'à votre retour, vous me donneriez peut-être du travail dans votre magasin, puisque votre mari était tombé malade.

LADY

Oui... eh bien, elle s'est trompée... Si je prends quelqu'un pour le magasin, ce sera quelqu'un du pays. Je n'engagerai certainement pas un étranger avec... une veste en peau de serpent... une guitare... et qui a la fièvre comme un chien...

(Elle renverse la tête et rit d'un rire soudain et doux, puis elle enlève la veste.)

VAL

Gardez-la.

LADY

Non. Il faut que je remonte... vous feriez mieux de partir.

VAL

Je ne sais pas où aller.

LADY

Ça, c'est votre affaire.

VAL

D'où est-ce que vous êtes, vous ?

LADY

Pourquoi me demandez-vous ça ?

VAL

Vous avez l'air d'une étrangère.

LADY

Je suis la fille d'un Macaroni, un bootlegger, qui a été tué ici.

VAL

Tué ?

LADY

Oui. Dans le pays, tout le monde connaît cette histoire. *(On entend des coups au plafond.)* Il faut que je remonte, on m'appelle. La porte se verrouillera d'elle-même derrière vous.

(Elle monte l'escalier.)

VAL

Je sais réparer les pannes d'électricité. *(Lady le regarde avec douceur.)* Je sais faire des tas de petits travaux. Madame, j'ai trente ans aujourd'hui, et je ne veux pas recommencer la vie que j'ai menée. *(Un chien aboie dans le lointain.)* J'ai vécu dans la pourriture, mais je ne suis pas pourri. A cause de ça. *(Il montre sa guitare.)* C'est mon compagnon... Quand quelque chose de sale me touche, c'est lui qui me lave à grande eau...

(Il joue doucement, en souriant à demi.)

LADY, *s'arrêtant sur le palier.*

Qu'est-ce que c'est que toutes ces inscriptions ?

VAL

Des autographes de musiciens.

LADY

Je peux les voir ?

(Elle redescend.)

VAL

Regardez... *(Val, tenant la guitare entre eux deux, avec tendresse, comme si c'était un enfant, parle d'une voix douce.)* Vous voyez ce nom ? Leadbelly.

LADY

Leadbelly ?

VAL

Le type le plus formidable qui ait jamais touché une guitare à douze cordes. Une fois, quand il était en prison, il a si bien joué qu'il a attendri le cœur de pierre d'un gouverneur du Texas et il a obtenu sa grâce... Et vous voyez ce nom, Oliver ? King Oliver ? C'est un nom immortel, madame. Le type le plus formidable à la trompette depuis l'ange Gabriel...

LADY

Et ce nom-là, qui est-ce ?

VAL

Celui-là ? C'est aussi un nom immortel, madame. C'est Bessie Smith, un nom écrit dans le ciel parmi les étoiles ! Elle a eu un accident d'auto, et elle est morte vidée de son sang parce qu'elle était noire et qu'on n'a pas voulu la laisser entrer dans un hôpital réservé aux Blancs. Vous voyez ce nom, ici ? C'est aussi un nom immortel !

(Sa voix est devenue intime et douce et c'est une douceur magique qui s'établit entre eux ; ils se touchent presque ; seule la guitare les sépare.)

LADY

Vous avez déjà été vendeur ?

VAL

Toute ma vie, j'ai vendu quelque chose à quelqu'un.

LADY

Comme tout le monde. Vous avez des lettres de recommandation ?

VAL

J'ai cette lettre.

(Il tire de son portefeuille une vieille lettre pliée, en laissant tomber plusieurs photographies et des cartes à jouer. Il la lui donne avec gravité, et s'accroupit pour ramasser ce qui est tombé, tandis qu'elle se tourne vers la lampe pour parcourir la lettre de recommandation.)

LADY, *lisant à haute voix*

« Ce garçon a travaillé trois mois dans mon garage. C'est un garçon qui travaille dur. Il est bon et honnête, mais il a une drôle de conversation, c'est pourquoi je l'ai renvoyé. J'aurais quand même aimé... » *(Elle rapproche la lettre de la lampe.)* « J'aurais quand même aimé le garder. Veuillez agréer, etc. »

(Val la regarde gravement, les yeux à demi fermés.)

LADY

Ça, c'est une recommandation !

VAL

C'est ce qu'il disait ?

LADY

Vous ne le saviez pas ?

VAL

Non. Puisque l'enveloppe était fermée...

LADY, *elle lui rend la lettre.*

Eh bien, mon garçon, ce n'est pas le genre de recommandation qui va vous aider dans la vie...

VAL

Je m'en rends compte...

LADY

Mais tout de même...

VAL

Quoi ?

LADY, *elle va au rayon des chaussures.*

Ce que les gens racontent, ça n'a pas d'importance. Vous savez lire les tailles des chaussures ?

VAL

Je crois, oui...

LADY

Qu'est-ce que ça veut dire : « 39 David » ?

VAL, *dubitatif.*

Trente-neuf David ?...

LADY

Ça veut dire taille 39, modèle D large. Vous savez compter ?

VAL

Je sais compter.

LADY

Vous savez rendre la monnaie ?

VAL

Oui, je saurais rendre la monnaie dans un magasin.

LADY

De la monnaie de singe, par exemple ? Ah ! Ah ! Bon, vous voyez cette salle, là-bas ? *(Elle va vers le bar.)* C'est un bar. Il est fermé pour le moment, mais, bientôt, je vais l'ouvrir, et je ferai la concurrence aux boîtes de nuit. C'est ici que les gens viendront après le cinéma. Tout sera repeint, décoré. Oh ! J'ai tout prévu. *(Elle se parle à elle-même, passionnément :)* Des branches artificielles, avec des fleurs sur les murs et au plafond ! Ça sera comme un verger au printemps... Mon père avait un verger, à Moon Lake. Il en avait fait une guinguette. Nous avions quinze tonnelles... elles étaient couvertes de vignes... et nous servions du vin italien, du whisky de contrebande et de la bière... Une nuit d'été, ils ont tout brûlé...

VAL

Ils ont tout brûlé ? Qui ?

LADY

Une société secrète du pays qu'on appelle « la Brigade mystique ». Une nuit, ils sont arrivés avec des torches et des bidons d'essence. Ils ont mis le feu à notre guinguette, et cette nuit-là, dans toute la région, pas une pompe à incendie n'est sortie de son garage. Mon père a pris une couverture, et il s'est précipité dans le verger, pour se battre contre le feu, tout seul. Et il a été brûlé vif..., brûlé vif ! Je l'ai entendu crier dans le verger. J'ai couru... Je suis tombée... et je l'ai vu venir vers moi avec ses vêtements en feu ! Chaque fois que je regarde un homme de ce village, je me demande s'il a, lui aussi, allumé l'incendie. *(Une silhouette paraît derrière la porte.)* Ah ! voici le marchand de sable avec mes cachets ! *(Elle va à la porte.)* Merci, monsieur. Je m'excuse de vous avoir dérangé, mais... *(L'homme murmure quelque chose et s'éloigne. Elle referme la porte.)* Oh ! va te faire foutre. *(Elle revient avec un petit paquet.)* Vous dormez toujours bien, vous ?

VAL

Je dors ou je ne dors pas, comme je veux, et je me réveille quand je veux...

LADY

C'est vrai ?

VAL

Je peux dormir sur du ciment, et je peux rester quarante-huit heures éveillé sans même me sentir fatigué. Et je peux aussi retenir ma respiration pendant trois minutes, sans m'évanouir. Un jour, j'ai parié dix dollars là-dessus, et j'ai gagné. Et puis, je peux rester une journée entière sans avoir de petits besoins...

LADY, *étonnée.*

Non !...

VAL, *avec la plus grande simplicité.*

C'est vrai. J'ai été condamné aux travaux forcés, une fois, pour vagabondage ; j'étais enchaîné, je ne pouvais pas bouger. Eh bien, je suis resté toute la journée sans avoir de petits besoins, simplement pour montrer à ces salauds que j'en étais capable.

LADY

Je comprends maintenant ce que le garagiste voulait dire quand il écrivait que vous aviez une drôle de conversation... *(Elle s'assied près du rayon des chaussures.)* Et qu'est-ce que vous pouvez faire d'autre ?... Dites-moi encore des choses sur votre... pouvoir personnel.

VAL, *avec un grand sourire.*

Vous savez ce qu'on dit ? On dit qu'une femme peut mettre un homme sur les genoux. Eh bien, moi, madame, je suis capable de mettre une femme sur les genoux.

LADY

Quel genre de femmes ?

VAL

N'importe quelle femelle humaine.

(Lady renverse la tête avec un rire amical ; il sourit largement comme un enfant candide.)

LADY

Eh ben... Il y a pas mal de « femelles humaines » dans le pays qui seraient toutes prêtes à vérifier ce que vous venez de dire.

VAL, *il s'assied sur un tabouret aux pieds de Lady.*

J'ai dit que je pouvais, je n'ai pas dit que je voulais !

LADY

Ne vous en faites pas, mon garçon ! Je suis une « femelle humaine » qui ne vous demandera aucune preuve de votre résistance surhumaine.

VAL

Non, et puis tout ça, c'est du passé.

LADY

Pourquoi ? Vous êtes épuisé ?

VAL

Je ne suis pas épuisé, j'en ai marre.

LADY

Ah oui ! vous en avez marre ?

VAL

Quand les gens disent que j'ai une drôle de conversation, vous savez ce qu'ils veulent dire ? Moi, je sais.

LADY

Quoi ?

VAL

Je crois qu'ils veulent dire que je n'ai pas les deux pieds sur la terre.

LADY

Vous planez quelque part au-dessus.

VAL

J'essaie. Vous savez, il y a une espèce d'oiseau qui n'a pas de pattes. Alors, il ne peut pas se poser et il passe toute sa vie à planer dans le ciel. C'est vrai. J'en ai vu un, une fois. Il était mort, il était tombé sur la terre. Il était bleu pâle, et il avait un corps si mince... pas plus gros que votre petit doigt. Et il était si léger dans le creux de ma main ; il ne pesait pas plus qu'une plume. Mais ses ailes s'étendaient... au moins comme ça. Elles étaient transparentes, de la couleur du ciel, et on pouvait voir au travers... C'est ce qu'on appelle couleur de protection, camouflage, si vous voulez... On ne peut pas distinguer ces oiseaux du ciel, et c'est pourquoi les oiseaux de proie ne les attrapent jamais ; ils ne les voient même pas, au sommet du ciel, près du soleil.

LADY

Et qu'est-ce qui se passe quand le ciel est gris ?

VAL

Quand le ciel est gris ? Ils volent si haut, que ces salauds d'oiseaux de proie en auraient le vertige... Mais ces petits oiseaux, qui n'ont pas de pattes, ils passent toute leur vie sur leurs ailes, ils dorment sur le vent... Oui, c'est comme ça qu'ils dorment... La nuit, ils étalent leurs ailes et ils dorment sur le vent, comme les autres oiseaux replient leurs ailes et dorment sur les arbres... Ils dorment sur le vent et... *(Son regard devient doux et vague.)* Ils ne se posent jamais sur cette terre, jusqu'à ce qu'ils meurent...

LADY

J'aimerais être un de ces oiseaux...

VAL

Moi aussi. Il y a des tas de gens qui aimeraient être un de ces oiseaux, pour ne pas être touchés par... la pourriture !

LADY

Si un de ces oiseaux meurt et tombe sur la terre, et si par hasard vous le trouvez, j'aimerais que vous me le montriez, parce que je me demande si vous n'êtes pas en train d'imaginer cet oiseau et son genre d'existence... Je n'arrive pas à croire qu'il y ait au monde un être vivant aussi libre... Montrez-moi un de ces oiseaux, et je dirai : « Oui, Dieu a été capable de fabriquer une créature parfaite ! » et je serais prête à donner ce magasin et toutes ces marchandises pour être un de ces petits oiseaux qui ont la couleur du ciel... Une nuit seulement, dormir sur le vent, et... simplement planer... au milieu des étoiles... *(Job frappe au plafond. Les yeux de Lady se posent sur Val.)* Tout ça, parce que je vis avec un fils de putain qui m'a achetée en solde après un incendie. Et en quinze ans, je n'ai pas eu un seul rêve heureux, pas un seul... Oh... Merde ! Je ne sais pas pourquoi je raconte tout ça à un étranger. *(Elle se lève et va ouvrir le tiroir-caisse.)* Allez manger un morceau au Petit-Relais sur la route, revenez demain matin et je vous donnerai du travail. *(Val se lève, va vers le comptoir.)* Et quand le bar ouvrira... Il y aura peut-être quelque chose de plus intéressant pour vous. *(Elle lui tend un dollar.)* Mais attention : pas de malentendu !

VAL

Ce qui veut dire ?

LADY

Que je me fiche pas mal de la perfection de vos fonctions naturelles. Vous ne me faites ni chaud ni froid, pas plus que le plancher sur lequel vous marchez. Si c'est compris, on peut travailler gentiment ensemble. Sinon, ça va faire des ennuis ! Je sais, vous êtes cinglé, mais il y a des tas de gens encore plus cinglés que vous sur la terre... Enfin, mettez-vous bien ça dans la tête : pas de bêtises avec moi, mon garçon. Bon, filez, allez manger un morceau, vous avez faim.

(Elle lui donne le dollar.)

VAL

Ça ne fait rien que je laisse ça ici ?

(Il désigne sa guitare.)

LADY

Laissez-la ici si vous voulez.

VAL

Merci, madame.

LADY

Il n'y a pas de quoi.

(Il va vers la porte. Des chiens aboient avec violence et netteté au loin. Il se retourne vers Lady, lui sourit et dit :)

VAL

Je ne sais rien de vous, mais je sais que vous êtes chic. Vous êtes la personne la plus chic que j'aie jamais rencontrée ! Et je vais être régulier avec vous et honnête, et je travaillerai dur, pour vous plaire... Et puis, vous savez, je connais un truc pour vous guérir de vos insomnies.

LADY

Un truc ?

VAL

C'est la doctoresse ostéopathe qui me l'a appris. Je sais comment remettre en place les os de la nuque et du cou. C'est merveilleux pour faire dormir naturellement... Bonsoir !

(Il sort.)

(Lady renverse la tête et rit, avec la légèreté et la gaîté d'une jeune fille. Puis elle se retourne et prend la guitare de Val qu'elle caresse avec curiosité et tendresse.
Les lumières s'éteignent.)

NOIR

TABLEAU III

Quelques semaines plus tard.
Lady raccroche le téléphone. Val se tient sur le pas de la porte, il regarde au-dehors un attelage de mules essayer de ramener sur la chaussée un grand camion qui a dérapé sur le verglas. Une voix de nègre crie : « Hue ! Hue ! »

VAL

Il y a un gros camion à remorque qui a quitté la route la nuit dernière, et il y a un attelage de six mules qui essaie de le tirer du fossé...

LADY, *quittant le téléphone.*

Fermez la porte... Venez ici... Mon cher monsieur, on vient de m'adresser une réclamation à votre sujet, et c'est sérieux... Une dame, qui dit que si son mari était encore de ce monde, il vous casserait la figure.

VAL

Une dame ?... Ah oui ! C'est cette petite bonne femme rose.

LADY

Qui ça ?

VAL

Oui... Une petite bonne femme qui s'est fait teindre les cheveux en rose...

LADY

En tout cas, elle vient de téléphoner. Elle dit que vous avez été trop familier avec elle... J'ai demandé : « En paroles ou par gestes ? » Elle a répondu : « Les deux ! »... Je me doutais que ça arriverait, mais je vous avais prévenu la semaine dernière. Pas de bêtises ici, mon garçon !...

VAL, *en riant.*

Cette petite bonne femme rose, elle est venue acheter une carte postale pour la Saint-Valentin, et tout ce que j'ai dit, c'est que je m'appelais Valentin... Dix minutes après, un petit nègre est arrivé avec la carte ; il me l'a donnée, il y avait quelque chose écrit dessus ; je crois que je l'ai encore...

(Il trouve la carte et la montre à Lady. Elle la lit et la déchire rageusement. Il allume une cigarette.)

LADY

Signée en rouge avec l'empreinte de ses lèvres ! Vous êtes allé au rendez-vous ?

VAL

Non, madame. C'est pour ça qu'elle se plaint.

(Il jette son allumette sur le sol.)

LADY

Ramassez cette allumette.

VAL

Bien, mon adjudant !

(Il va jeter l'allumette avec des précautions exagérées. Elle retourne derrière le comptoir, les yeux fixés sur le dos de Val.)

LADY

Vous vous êtes promené comme ça devant elle ?

VAL

Comment : comme ça ?

LADY

Comme un chat : en marchant comme un chat ! *(Il revient près d'elle et la regarde avec un étonnement amusé.)* Et vous vous êtes tenu devant elle... Si près d'elle ?... dans cette... attitude ?

VAL

Quelle attitude ?

LADY

Tout ce que vous faites est tellement suggestif !

VAL

Ça suggère quoi ?

LADY

Ça suggère ce qui ne vous intéresse plus, du moins c'est ce que vous dites... Quelque chose qui... Oh ! ça va ! vous savez très bien ce que je veux dire... A votre avis, pourquoi est-ce que je vous ai donné un complet bleu marine ? Pour faire le ménage ?

VAL, *tristement.*

Non...

(Il soupire et enlève son veston bleu.)

LADY, *surprise.*

Vous l'enlevez ?

VAL

Je vous rends votre complet, Lady. Je vais changer de pantalon.

(Il lui donne le veston et va vers le réduit sous l'escalier.)

LADY, *après un silence.*

Je m'excuse ! J'ai mal dormi la nuit dernière. Je dis que je m'excuse ! Vous entendez ?

(Elle entre dans le réduit et en ressort avec la guitare de Val. Il la suit...)

VAL

Rendez-moi ma guitare, Lady. J'essaie de bien faire et vous ne me trouvez que des défauts...

LADY

Je vous ai dit que je m'excusais. Vous voulez que je me mette à genoux et que je lèche vos souliers ?

VAL

Non. Simplement rendez-moi mon pantalon et ma guitare.

LADY

Je ne me plains pas de vous ; au contraire, je suis contente, sincèrement.

VAL

Vous le cachez bien.

LADY

J'ai les nerfs à fleur de peau, c'est tout. Allez, donnez-moi la main.

VAL

Vous ne me flanquez pas à la porte ? Il ne faut pas que je parte !

(Ils se serrent la main comme deux hommes. Elle lui rend sa guitare. Un silence.)

LADY

Vous comprenez, nous ne nous connaissons pas... Nous... nous sommes en train de faire connaissance.

VAL

C'est vrai, comme deux animaux qui se reniflent...

(L'image embarrasse Lady.)

LADY

Pas exactement ! Mais enfin...

(Ils sont graves et doux. Le magasin est envahi par la pénombre.)

VAL

(Il prend une boîte d'encaustique et cire le comptoir.) Écoutez... Quand j'étais gosse, toute ma famille s'est dispersée comme des plumes de poulet dans le vent... Je suis resté tout seul, caché dans les marais du Mississippi, et, du fond de ma solitude, je sentais que j'attendais quelque chose.

LADY

Vous attendiez quoi ?

VAL

Quelque chose qui donnerait un sens à la vie ; j'attendais comme quand on pose une question et qu'on attend que quelqu'un réponde, mais on ne pose pas la bonne question, ou bien on ne la pose pas à la bonne personne, et la réponse ne vient pas. Est-ce que tout s'arrête parce que la réponse ne vient pas ? Non, tout continue. Et puis...

LADY

Et puis quoi ?

VAL

On reçoit une réponse en trompe-l'œil...

LADY

Qu'est-ce que c'est que cette réponse-là ?

VAL

L'amour... Oui. C'est ça, la réponse en trompe-l'œil. *(Lady regarde Val passionnément.)* A quinze ans, j'ai rencontré une fille. Ce jour-là, j'avais eu l'impression que, si je continuais à m'enfoncer en bateau dans les marais, je finirais bien par tomber sur ce que j'attendais depuis si longtemps.

LADY

Et c'était la réponse, cette fille que vous avez rencontrée dans les marais ?

VAL

Elle m'a fait penser que c'était ça... Elle est sortie d'une hutte, aussi nue que moi je l'étais dans mon bateau plat. Elle est restée debout, un moment, avec la pleine lumière du jour qui brûlait comme un paradis autour d'elle... Vous avez vu l'intérieur d'un coquillage ? Vous savez comme c'est blanc, un blanc de perle... Sa peau nue était comme ça. Oh ! bon Dieu, un oiseau s'est envolé de la mousse, et ses ailes ont fait une ombre sur elle, et puis il a chanté une note, une seule, haute et claire ; et comme si elle avait attendu cette sorte de signal, elle s'est retournée, elle a souri, et elle est rentrée dans la hutte...

LADY

Et vous l'avez suivie ?

VAL

Oui, je l'ai suivie, je l'ai suivie comme la queue d'un oiseau suit l'oiseau... Je croyais qu'elle m'apportait la réponse, mais, après coup, je n'étais plus sûr que ce soit ça, et à partir de ce moment-là, la question est devenue aussi embrouillée que la réponse, et puis...

LADY

Et puis quoi ?

VAL

A seize ans, quand mon chien est mort, j'ai vendu mon bateau et mon fusil... Je suis allé à La Nouvelle-Orléans avec cette veste en peau de serpent. Et ça ne m'a pas pris longtemps pour apprendre la règle du jeu.

LADY

Qu'est-ce que vous avez appris ?

VAL

J'ai appris que j'avais autre chose à vendre que les peaux de serpent et les bêtes sauvages que j'apportais des marais. J'étais pourri et c'est ça la réponse...

LADY

Ce n'est pas ça la réponse.

VAL

Si ce n'est pas ça, dites-moi ce que c'est.

LADY

Je ne sais pas, mais je sais que la pourriture n'est pas la réponse. C'est tout ce que je sais. Si je pensais que c'est ça la réponse, je prendrais le revolver de Job ou ses cachets de morphine et...

(La femme du garagiste fait irruption dans le magasin.)

LA GARAGISTE

Le téléphone ? Où est le téléphone ? Il faut que je téléphone tout de suite.

LADY

Allez-y, ne vous gênez pas.

(La femme va au taxiphone.)

LA GARAGISTE

Je n'ai pas de jeton.

LADY

Dans le tiroir... Val, allez me chercher un coca-cola.

(Val sort par le bar. Depuis quelques minutes un klaxon s'est fait entendre au-dehors, insistant et tout proche.)

LA GARAGISTE, *au téléphone.*

« Les Cutrere... Passez-moi les Cutrere s'il vous plaît... David ou sa femme... N'importe lequel... »

(Jenny fait irruption.)

JENNY

Lady ! Lady ! C'est Carol qui...

LA GARAGISTE

Silence, s'il vous plaît, je suis en train de téléphoner à son frère... « Allô ! » *(Lady s'assied à une table dans le bar.)* « Qui est à l'appareil ? C'est vous, monsieur Cutrere... Dites donc !... Je vous appelle au sujet de votre sœur Carol. Elle est en train de klaxonner au garage de la Couronne, elle klaxonne et klaxonne au garage de la Couronne parce que mon mari a donné l'ordre à ses employés de ne pas la servir ; et elle klaxonne, elle klaxonne, elle klaxonne, et les gens sont en train de s'attrouper... mais, monsieur Cutrere, je croyais que vous aviez accepté de garder cette fille loin de Deux-Rivières... enfin c'est ce que tout le monde avait cru comprendre... »

(Klaxon.)

JENNY, *qui écoute avec une animation approbatrice.*

C'est ça. C'est ça. Dites-lui que si...

DOLLY, *entrant.*

Elle est sortie de sa voiture.

JENNY

Chut !

LA GARAGISTE, *criant.*

« Allô !... Ce que je voulais vous dire, c'est qu'elle est revenue dans le pays, qu'elle recommence à faire des histoires, et que mon mari est en train de téléphoner du garage... *(Jenny sort et regarde au-dehors.)* Oui, mais il essaie d'avoir la police, et si elle est arrêtée une fois de plus, vous ne pourrez pas dire que je ne vous ai pas prévenu, monsieur Cutrere. »

DOLLY

Bien ! Très bien !

JENNY, *rentrant.*

Où est-elle ? Où est-ce qu'elle est passée ?

LA GARAGISTE

« Vous feriez bien de vous dépêcher... Mais bien sûr. Je vous comprends très bien, vous et votre père et Mme Cutrere... mais Carol ne peut pas se faire servir par notre garage, nous refusons purement et simplement de la servir, elle n'est pas... Allô ? Allô ? » *(Elle agite le téléphone violemment.)* Jésus ! Jésus...

(Elle s'en va en courant.)

JENNY

Qu'est-ce qu'il va faire ? Il va venir la chercher ?

DOLLY

Il faut appeler le shérif ! *(Jenny ressort. Val revient avec une bouteille de coca-cola, la donne à Lady.)* Qu'est-ce qui se passe, maintenant ?

JENNY, *dans la rue.*

Regardez ! Regardez ! Ils lui font dégager l'entrée du garage !

DOLLY

Où est Carol ?

JENNY

Elle entre à la pharmacie !

(Dolly se précipite vers le taxiphone.)

DOLLY

Lady, il faut me jurer que si la fille Cutrere met les pieds dans ce magasin, vous n'allez pas la servir ! Vous m'entendez ?

LADY

Non.

JENNY

Quoi ? Vous refuserez de la servir, n'est-ce pas ?

LADY

Je ne peux pas refuser de servir qui que ce soit dans ce magasin.

JENNY

Ça alors ! On aimerait savoir pourquoi ! A qui téléphones-tu, Dolly ?

DOLLY

A la pharmacie. Je veux m'assurer que M. Dubinski refuse de servir cette fille ! « Je veux la marphacie, euh... la pharmacie. » Je suis tellement bouleversée que je ne sais plus ce que je dis. *(Jenny regarde par la fenêtre.)* C'est occupé ! *(Sans lâcher le téléphone.)* Peut-être qu'il refuse de la servir.

JENNY

Dubinski servirait une guenon à cul rouge si elle mettait dix sous sur le comptoir en montrant ce qu'elle veut !

DOLLY

Moi, je sais que la dernière fois qu'elle était en ville, elle est allée au café du Centre, elle est restée assise une demi-heure, et les serveuses ne se sont pas dérangées !

JENNY

Ça n'est pas la même chose. Au café du Centre ce ne sont pas des Polonais !

DOLLY

On ne peut pas chasser quelqu'un du pays, s'il y a des gens qui refusent de nous aider.

JENNY

Lady vient de me dire qu'elle servira Carol si elle entre ici...

DOLLY

Lady ne fera pas ça.

JENNY

Demande-lui ! Elle vient de le dire !

LADY, *se lève brusquement en criant.*

Oh ! Bon Dieu ! Je ne vais pas refuser de la servir uniquement parce que vous ne l'aimez pas ! D'ailleurs, je suis ravie que cette fille sauvage embête tellement son frère !

DOLLY, *au téléphone.*

« Monsieur Dubinski ? Dolly Hamma à l'appareil. *(Carol entre tranquillement par le bar.)* Je voulais vous demander, est-ce que Carol Cutrere est chez vous en ce moment ?... »

JENNY, *pour la prévenir.*

Dolly !

CAROL

Non, elle n'y est pas... Elle est ici.

DOLLY

« Ça ne fait rien, monsieur Dubinski. »

(Elle raccroche furieusement.)

(Un silence pendant lequel elles regardent Carol. Celle-ci a roulé toute la nuit : sa chevelure est en désordre, son visage rouge et ses yeux brillants de fièvre. Elle se comporte comme un animal aux abois, désespérée, mais sans peur.)

LADY, *rompant le silence enfin, d'un ton calme.*

Bonjour, Carol.

CAROL

Bonjour, Lady.

LADY, *avec une cordialité mêlée de défi.*

Je vous croyais à La Nouvelle-Orléans.

CAROL

J'y étais. Hier soir.

LADY

Vous avez fait vite pour en revenir.

CAROL

J'ai roulé toute la nuit.

LADY

Dans cette tempête ?

CAROL

Le vent a emporté la capote de ma voiture, mais je ne me suis pas arrêtée.

LADY, *dont l'impatience s'accroît.*

Ça ne va pas chez vous ? Quelqu'un de malade ?

CAROL, *vaguement.*

Non, non, pas que je sache... De toutes façons, je n'en saurais rien, ils... Je peux m'asseoir ?

LADY

Bien sûr !

CAROL, *elle s'assied.*

Ils me paient pour que je ne revienne pas ici, alors je ne saurais rien... *(Silence. Val passe posément devant elle en portant une caisse et va dans le réduit.)* Je crois que j'ai la fièvre... je suis en train d'attraper une pneumonie... Tout est si loin...

(Nouveau silence. On entend chuchoter Jenny et Dolly au fond du magasin.)

LADY, *légèrement exaspérée.*

Vous voulez quelque chose ?

CAROL

Tout me paraît être à l'autre bout du monde...

LADY

Carol, je vous ai demandé si vous vouliez quelque chose ?

CAROL

Pardon !... Oui...

LADY

Oui, quoi ?

CAROL

Ne vous dérangez pas, j'attendrai.

(Val ressort du réduit.)

LADY

Attendre ! Attendre ! Qu'est-ce que vous attendez ? Il n'y a rien à attendre, ici. Dites-moi simplement ce que vous voulez et, si je l'ai en magasin, je vous le donnerai !

(Le téléphone sonne.)

CAROL, *vaguement.*

Merci... Non.

LADY

Val, répondez au téléphone.

(Lady prend une bouteille, remplit un verre pour Carol et remet la bouteille sous le comptoir. Dolly va vers Jenny et lui murmure quelque chose d'une voix sifflante.)

JENNY, *se levant.*

J'attends pour voir si oui ou non...

DOLLY

Puisqu'elle vient de dire qu'elle le ferait !

JENNY

Ça ne fait rien, j'attendrai !

VAL, *à l'appareil.*

« Allô !... Oui, monsieur, elle est ici... Je vais lui dire. » *(Il raccroche et s'adresse à Lady.)* Son frère a appris qu'elle était ici, et il vient la chercher.

LADY

David Cutrere ne mettra pas les pieds dans ce magasin !

DOLLY

Oh ! oh !

JENNY

David était son amant autrefois !

DOLLY

Je sais, tu me l'as dit.

LADY, *pivotant et s'adressant tout à coup aux deux femmes.*

Qu'est-ce que vous faites là toutes les deux à chuchoter comme des perruches ? Allez au café du Centre... Allez ! Hop !...

JENNY

Eh bien, on est, comme qui dirait, foutues à la porte !

DOLLY

Quand on ne veut pas de moi quelque part, je n'y remets plus jamais les pieds !

(Elles sortent en claquant la porte.)

LADY, *après un temps.*

Pourquoi êtes-vous venue ?

CAROL

Pour remettre un message.

LADY

Un message pour moi ?

CAROL

Non.

LADY

Pour qui ? *(Carol regarde Lady avec gravité, puis elle se tourne lentement pour regarder Val.)* Pour lui ?... Pour lui ? *(Carol fait un léger signe de tête, très lent.)* O. K. Donnez-lui votre message, remettez-lui votre message !

CAROL

C'est un message personnel. Est-ce que je peux lui parler seule, s'il vous plaît ?

(Lady va au portemanteau et décroche son châle.)

LADY

Oh ! pour l'amour de Dieu ! La plantation de votre frère est à dix minutes, avec la Cadillac bleu ciel que sa femme si riche lui a donnée. Il est en route pour venir ici, mais je ne le laisserai pas entrer, je ne veux même pas que sa main touche la poignée de la porte. Je connais votre message, le garçon aussi le connaît, il n'y a rien de personnel là-dedans. Mais écoutez-moi bien : dans mon magasin, ce garçon n'est pas à vendre ! Je sors. Je vais surveiller l'arrivée de cette Cadillac bleu ciel. Quand je la verrai, j'ouvrirai la porte et je hurlerai. Quand je hurlerai, je veux vous voir filer aussi vite qu'une balle de revolver ! Aussi vite ! Compris ?

(Elle claque la porte derrière elle.)

(L'attitude détachée de Val n'est pas hostile. Il tient sa guitare avec une concentration particulièrement tendre, et plaque un accord doux. Carol regarde Val. Il siffle une note et accorde sa guitare d'après son sifflement, sans regarder la jeune femme. Il est important que Val ne soit pas brutal avec Carol.

Ils doivent avoir l'air de deux enfants solitaires.)

VAL, *d'un ton doux et préoccupé.*

Vous avez dit à la dame pour qui je travaille que vous aviez un message pour moi, mademoiselle. Vous avez un message ?

CAROL, *se lève, fait quelques pas en hésitant vers lui. Val siffle, touche une corde, change de diapason.*

Vous avez fait tomber de la cendre sur votre complet neuf.

VAL

C'est ça, le message ?

CAROL

Non, c'était simplement un prétexte pour vous toucher. Le message, c'est...

VAL

Quoi ?

CAROL

J'aimerais tenir quelque chose dans mes bras comme vous tenez votre guitare ; avec cette tendresse protectrice ! J'aimerais vous tenir avec cette même tendresse protectrice ! *(Sa main est tombée sur le genou de Val.)* Parce que vous êtes tout... tout ce dont j'ai rêvé !

(Il va lui parler sans brutalité, mais d'un ton qui montre qu'il a derrière lui une longue expérience de ce genre de déclarations.)

VAL

Qui essayez-vous de tromper, en dehors de vous-même ? Vous ne pourriez même pas supporter le poids d'un homme sur vous. *(Il lui prend le poignet et en relève la manche.)* Qu'est-ce que c'est que ça ? Un poignet humain avec un os ? On dirait plutôt une baguette que je pourrais casser entre deux doigts... *(Gentiment, négligemment, il repousse le col du trench-coat de Carol, découvre le cou et l'épaule nue. Il fait courir un doigt sur une veine de son cou.)* Petite fille, vous êtes transparente. Je vois vos veines. Le poids d'un homme vous briserait comme une vitre...

CAROL, *elle le regarde, bouleversée par sa perspicacité.*

C'est vraiment trop drôle ! Du premier coup, vous avez découvert ma vérité ! Pour moi, faire l'amour représente une douleur insupportable, et pourtant, je la supporte, parce que ça vaut la peine de souffrir et d'être en danger pour ne pas être seule, même pendant quelques minutes. C'est dangereux pour moi, parce que je ne suis pas bâtie pour avoir des enfants.

VAL

Alors, envole-toi, petit oiseau, envole-toi, avant d'être brisé.

CAROL

Pourquoi me détestez-vous ?

VAL

Je ne déteste personne tant qu'on ne se mêle pas de mes affaires.

CAROL

Quand me suis-je mêlée de vos affaires ? Est-ce que je vous ai dénoncé quand j'ai vu la montre de mon cousin à votre poignet ?

VAL, *ôte la montre.*

Vous ne comprenez pas un mot de ce que je vous dis. J'ai trente ans, et je ne veux plus entendre parler des gens avec qui vous courez, ni des endroits où vous allez. Le Club du Rendez-Vous, le Star, le Music-Bar, et toutes ces boîtes sinistres... Tenez. *(Il lui tend la montre.)* Prenez ce chronomètre Rolex qui dit l'heure et le jour et le mois et les phases de cette sacrée lune. Je n'avais jamais rien volé, avant ça. Quand je l'ai volée j'ai compris que le moment était venu de me retirer de la fête. Prenez-le et rendez-le à Bertie... *(Il essaie de lui faire prendre le bracelet-montre de force. Petite lutte. Il ne peut pas lui ouvrir la main. Elle pleure, mais elle le regarde farouchement droit dans les yeux. Il pousse un soupir de colère et jette violemment la montre sur le sol.)* Voilà mon message, pour vous et la bande avec qui vous courez !

CAROL

Je ne cours avec personne ! J'espérais qu'avec vous... *(Elle s'en va, puis revient.)* Tu es en danger ici, Peau-de-Serpent. Tu as enlevé la veste qui voulait dire : « Je suis sauvage, je suis libre ! » et tu as revêtu le joli uniforme bleu du bagnard... La nuit dernière, je me suis réveillée en pensant à vous. J'ai roulé toute la nuit pour vous prévenir du danger. *(Elle couvre ses lèvres de sa main tremblante.)* Le message que je vous apportais, c'était : « Attention, danger ! » J'espérais que vous m'entendriez, et que vous me laisseriez vous emmener avant qu'il ne soit trop tard...

(La porte est ouverte violemment. Lady se précipite dans le magasin en criant :)

LADY

Votre frère est là, filez ! Il n'entrera pas ici ! Fermez la porte à clé, Val, ne le laissez pas entrer dans mon magasin !

(Carol s'affaisse à une table en sanglotant. Lady monte vers le palier, tandis que David Cutrere entre dans le magasin.
C'est un homme de haute taille, en costume de chasse. Il est à peine moins beau maintenant que dans sa jeunesse, mais ses yeux ont un peu la dureté désespérée et anormale des yeux de Lady.)

VAL, *il indique le bar d'un signe de tête.*

Elle est là.

DAVID, *s'approchant de sa sœur.*

Eh bien, Carol ! *(Elle se lève.)* Tu as rompu notre accord. *(Durement.)* Bon, je te ramène en voiture. Où est ton manteau ? *(Carol murmure quelque chose d'inintelligible.)* Où est son manteau ? Où est le manteau de ma sœur ?

(Val va ramasser le manteau que Carol a laissé tomber sur le sol, et le donne à David qui le jette sur les épaules de Carol et pousse celle-ci avec force vers la porte du magasin.)

LADY, *soudain et nettement.*

Attendez, s'il vous plaît !

(David regarde vers le palier.)

DAVID, *d'une voix à la fois douce et rauque.*

Comment allez-vous, Lady ?

LADY, *sans bouger.*

Val, sortez. Emmenez-la.

DAVID

Va m'attendre dans la voiture, Carol.

(Val emmène rapidement Carol, elle hoche la tête comme si elle répondait tristement à une question douloureuse, et sort.)

LADY

Je vous ai dit de ne jamais mettre les pieds dans ce magasin.

DAVID

Je suis venu chercher ma sœur...

(Il se retourne pour partir.)

LADY

Attendez !

DAVID

Je ne peux pas laisser ma sœur toute seule sur la route.

LADY

J'ai quelque chose à vous dire, que je ne vous ai jamais dit avant. Je... je portais ton enfant, l'été où tu m'as quittée.

(David se tait. Un long silence, puis :)

DAVID

Je ne savais pas.

LADY

Non, non, je ne t'ai pas écrit à ce sujet ; j'étais fière, alors, j'avais de la fierté. Mais je portais ton enfant l'été où tu m'as quittée, l'été où ils ont brûlé mon père dans sa guinguette, et toi, toi tu t'en es lavé les mains et tu n'as plus voulu revoir la fille d'un bootlegger macaroni, et... *(Sa voix haletante lui fait défaut pendant une seconde, et elle fait un geste violent tandis qu'elle lutte pour parler :)*... et tu as pris cette jeune fille de bonne famille qui a restauré ta propriété et t'a donné... *(Elle reprend son souffle.)*... des enfants de bonne race...

DAVID, *après un long silence.*

Je ne savais pas.

LADY

Eh bien, tu le sais maintenant. Je portais ton enfant l'été où tu m'as quittée, mais je me le suis fait arracher du ventre, et ils m'ont arraché le cœur avec !

DAVID, *dans un souffle.*

Je... je ne savais pas.

LADY

Après cela, je voulais mourir, mais la mort ne vient pas quand on la désire ; elle vient quand on ne la désire pas. Alors j'ai pris ce qu'il y avait de mieux à part la mort. Je me suis vendue. Tu t'es vendu. Tu as été acheté. J'ai été achetée. Tu as fait de nous deux des putains !

DAVID

Je ne savais pas...

LADY, *descendant l'escalier.*

Mais tout ça, c'est fini et depuis longtemps... Je ne sais pas pourquoi, il y a quelques jours, je suis allée faire un tour en voiture de ce côté-là, au bord du lac où mon père avait sa guinguette. Tu t'en souviens ? Tu te souviens de la guinguette de mon père ? *(David la regarde fixement.)* Non, tu ne t'en souviens pas ? Tu ne te souviens même pas de ça ?

DAVID, *avec effort.*

Lady, c'est... la seule chose dont je me souvienne. Je ne me souviens de rien d'autre...

LADY

La mandoline de mon père, les chansons que je chantais avec mon père dans la guinguette de mon père ?

DAVID

Oui, je ne me souviens de rien d'autre...

LADY

« Core Ingrata » ! « Comme la rose » ! Et pendant qu'il chantait nous nous sauvions dans le verger, et il appelait : « Lady ! Lady ! » Comment aurais-je pu répondre avec deux langues dans la bouche ? *(Elle aspire avec un sifflement, ses yeux sont largement ouverts, elle crispe ses mains sur sa bouche. Il se détourne rapidement. Job commence à frapper pour appeler Lady. Elle va vers l'escalier, s'arrête, se retourne.)* Ne remettez jamais les pieds ici. Si votre folle de sœur revient, envoyez quelqu'un d'autre pour la chercher, mais pas vous, pas vous. Parce que je ne veux plus jamais sentir ce couteau en moi. *(Elle a posé sa main sur sa poitrine. Elle respire difficilement.)* Et n'ayez pas pitié de moi. Après tout, je ne suis pas tombée trop bas. Je fais bien mes affaires dans ce magasin, j'ai là un bar qui va ouvrir au printemps ; il a été refait pour attirer la jeunesse du pays ; ce sera comme... *(Il touche la porte. Il s'arrête.)...* la guinguette de mon père, les nuits où l'on buvait du vin, et où vous aviez quelque chose de meilleur que tout ce que vous avez eu depuis !

DAVID

Lady... C'est vrai !

(Il ouvre la porte.)

LADY

Va-t'en maintenant. Je voulais simplement te dire que ma vie n'est pas finie. *(Il sort, tandis que Job continue à frapper. Elle reste debout, étourdie, immobile. Puis elle murmure...)* J'ai fait l'imbécile... *(Un chant s'élève au-dehors.)* J'ai fait l'imbécile !

(Elle monte péniblement tandis que les lumières s'éteignent et que le rideau tombe.)

ACTE II

TABLEAU IV

Quelques jours après.
Le soleil se couche.
Val est seul dans le magasin. Une grande et forte femme ouvre la porte et se tient sur le seuil, l'air hébété : c'est Ève Talbott.

VAL

Bonjour, madame Talbott.

ÈVE

J'ai quelque chose qui ne va pas dans les yeux. Je ne vois plus rien.

VAL, *va vers elle.*

Par ici... Venez... vous avez sans doute roulé avec le soleil dans la figure. *(Il la prend par la main et lui tend une chaise.)* Voilà... asseyez-vous...

ÈVE

Merci... merci beaucoup...

VAL

Je ne vous ai plus vue depuis le jour où vous m'avez amené ici pour me procurer du travail.

ÈVE, *avec une grande tendresse.*

Est-ce que le pasteur est venu vous voir ? Le révérend Tooker ? Je le lui avais fait promettre. Je lui avais dit que vous n'apparteniez à aucune église. Je veux que vous fréquentiez la nôtre.

VAL

C'est bien gentil à vous.

ÈVE, *posant sa joue sur la main de Val.*

L'Église de la Résurrection, c'est épiscopalien...

VAL

Oui...

ÈVE

Regardez le tableau, s'il vous plaît. *(Il enlève le papier qui enveloppe le tableau.)* C'est l'Église de la Résurrection. Je l'ai traitée par l'imagination... Vous savez, Job et Lady n'ont jamais franchi le seuil d'une église. J'ai pensé qu'il faudrait l'accrocher à un endroit d'où Job puisse le voir, ça pourrait conduire ce pauvre moribond vers Jésus...

(Val place le tableau contre une chaise, s'accroupit et l'étudie avec sérieux. Ève tousse nerveusement, se lève, et se rassied avec hésitation. Val lui sourit.)

VAL

Le clocher de l'église est rouge ?

ÈVE

Non, mais... vous comprenez, je... *(Elle rit, comme un enfant, tandis que grandit son animation.)* Je l'ai senti comme ça ! Je peins les choses comme je les sens, au lieu de les peindre comme elles sont dans la vie. Rien n'est vraiment comme les yeux le voient... Il faut une... une vision... pour vraiment voir !

VAL

Oui...

(Il hoche la tête avec conviction.)

ÈVE

Je peins d'après mes visions. Ils m'appellent une visionnaire...

VAL

Oui...

ÈVE, *avec modestie.*

C'est ce que les journalistes de La Nouvelle-Orléans admirent tellement dans mon œuvre. Ils appellent ça du « primitivisme ». Une de mes toiles est exposée au Musée et ils m'en demandent d'autres. Mais je ne peux pas les fabriquer aussi vite ! Il faut que j'attende mes visions. Non, je ne peux pas peindre sans visions ! Je ne pourrais pas *vivre* sans visions !

VAL

Vous avez toujours eu des visions ?

ÈVE

Seulement depuis ma naissance. *(Elle s'arrête net, étonnée par l'absurdité de sa réponse. Ils rient. Puis elle recommence à parler avec volubilité, sa forte poitrine frémissant d'une curieuse animation.)* Je suis née avec une sorte de voile, un filet très très mince qui me couvrait les yeux. On appelle ça une membrane. C'est le signe qu'on va avoir des visions, et c'était vrai, j'en ai eu ! *(Elle reprend sa respiration.)* Quand j'étais enfant, ma petite sœur est morte. Elle avait un jour, et elle est morte. Il a fallu la baptiser à minuit, pour sauver son âme.

VAL

Oui.

(Il est souriant, attentif.)

ÈVE

Le pasteur est venu à minuit et, après le baptême, il m'a donné la coupe d'eau bénite et il m'a dit : « Va la vider dehors sur la terre ! » Je ne l'ai pas fait. J'avais peur d'aller dehors à minuit... avec la mort dans la maison ; et je me suis faufilée dans la cuisine, et j'ai vidé l'eau bénite dans l'évier — Tonnerre et foudre ! —, l'évier est devenu noir, l'évier de la cuisine est devenu complètement noir !

(Le shérif Talbott entre par la porte principale.)

LE SHÉRIF

Maman ! qu'est-ce que tu fais là ?

ÈVE

Je cause.

LE SHÉRIF

Je monte voir Job une minute. Va m'attendre dans la voiture.

(Il monte.)

ÈVE

Oh ! je vous le dis, depuis que je me suis mise à peindre, tout est devenu différent pour moi.

VAL

Je comprends ce que vous voulez dire, ça n'avait pas de sens.

ÈVE

Oui... Qu'est-ce qui n'avait pas de sens ?

VAL

La vie !

ÈVE, *lentement et doucement.*

Non, non, c'est vrai... La vie n'avait pas de sens...

(Les chiens aboient au loin.)

VAL, *pensivement.*

Vous avez vécu à Deux-Rivières, vous êtes la femme du shérif. Vous avez assisté à des choses épouvantables.

ÈVE, *avec conviction.*

Épouvantables ! Des choses !...

VAL

Des passages à tabac !

ÈVE, *d'une voix forte.*

Oui !

VAL

Des lynchages !

ÈVE

Oui...

VAL

Vous avez vu des forçats évadés déchirés par les chiens !

(C'est la première fois qu'elle peut exprimer cette horreur.)

ÈVE

Les chiens du bagne !...

VAL

Oui !

ÈVE

Qui déchirent les fugitifs !...

VAL

Oui.

ÈVE

Qui les déchirent en lambeaux...

(Elle s'est à demi levée puis elle retombe, faiblement. Val regarde le magasin obscurci.)

VAL

Mais la violence n'est pas toujours rapide. Parfois elle est lente... Les ouragans sont lents. La corruption touche le cœur des hommes, et la pourriture est lente... J'ai été témoin, je le sais.

ÈVE, *horrifiée.*

Moi, j'ai été témoin ! Moi, je sais !

VAL

Nous avons vu ces choses du premier rang des fauteuils d'orchestre ! *(Il se lève et lui touche les mains. La respiration d'Ève frémit.)* Ainsi vous avez commencé à peindre vos visions. Sans idée, sans expérience, vous avez commencé à peindre comme si Dieu guidait vos doigts. *(Il soulève les mains d'Ève, doucement.)* Vous avez fait de la beauté dans ce sombre pays, avec ces douces mains de femme... *(Talbott apparaît sur le palier, et les regarde en silence.)* Oui, vous avez fait de la beauté... !

(Étrangement, avec gentillesse, il porte les mains d'Ève à sa bouche. Talbott crie :)

LE SHÉRIF

Hé ! *(Ève sursaute.)* C'est fini, ces conneries ? File et attends-moi dans la voiture. *(Il s'approche de Val, tandis qu'Ève sort, abasourdie. Un long silence.)* Job m'a dit de bien te regarder... *(Il le regarde fixement. Les chiens aboient.)* Bon, eh bien, c'est fait : je t'ai bien regardé. *(Il sort. Les chiens continuent à aboyer puis se taisent.)*

(Le magasin est maintenant très sombre.

Quand la porte se referme, Val prend le tableau, va derrière le comptoir et le pose sur une étagère. Lady descend l'escalier.)

VAL

Vous êtes restée longtemps là-haut.

LADY

Je lui ai donné de la morphine. Il doit avoir perdu la tête. Il m'a dit de telles horreurs ! Il dit que je veux qu'il meure.

VAL

Vous êtes sûre que ce n'est pas vrai ?

LADY

Je ne veux la mort de personne. La mort est horrible, Val. *(Il prend sa guitare et va vers la porte.)* Il faut que vous partiez, maintenant ?

VAL

Je suis en retard.

LADY

En retard, pourquoi ? Vous avez rendez-vous avec quelqu'un ?

VAL

... Non...

LADY

Alors restez un peu. Jouez quelque chose... *(Il s'appuie contre le comptoir et joue. On entend à peine la guitare.)* Ce que j'ai pu faire l'imbécile hier...

VAL

Avec le frère de cette fille ?

LADY

Oui... j'ai laissé tomber ma fierté...

VAL

Sa sœur a dit qu'elle était venue ici pour me prévenir. Me prévenir de quoi, je me le demande ?

LADY

Je lui ai dit des choses que j'aurais dû avoir la fierté de ne pas dire...

(Chacun continue à penser de son côté. La guitare joue doucement.)

VAL

Ces derniers temps, je me suis réveillé une ou deux fois avec des battements de cœur, en train de crier quelque chose, et il a fallu que je prenne ma guitare pour me calmer... De toutes façons, je n'arrive pas à m'habituer à ce pays. Je ne me sens pas en sécurité ici. Ce que j'aimerais, c'est...

(Il s'arrête net. On entend des aboiements féroces.)

LADY

Les chiens du bagne sont en train de chasser un forçat évadé... *(Les aboiements deviennent presque une seule note sauvage.)* Les chiens l'ont attrapé... *(Un temps.)* Ils sont en train de le déchirer ! *(Les aboiements continuent. Un coup de feu. Les aboiements se taisent. Val s'arrête, une main sur la poignée de la porte ; il se retourne pour regarder Lady, ouvre la porte. Le vent chante haut dans le crépuscule.)* Attendez ! Où est-ce que vous couchez ?

VAL

Je suis au motel, sur la route.

LADY

Vous aimez ça ?

VAL

Pourquoi ?

LADY, *va au pied de l'escalier.*

Il y a un lit de camp là-dedans. C'est là que l'infirmière couchait quand Job a eu sa première opération, il y a un lavabo et je ferai venir le plombier pour mettre une douche chaude et froide. J'arrangerai ça gentiment pour vous...

(Il laisse la porte se refermer, en regardant Lady.)

VAL

Je n'aime pas être l'obligé des gens.

LADY

Vous ne seriez pas mon obligé, vous le feriez pour me rendre service. Je me sentirais plus en sécurité la nuit avec quelqu'un dans la maison. Je vous assure. Et ça ne vous coûterait rien ! *(Elle a un rire bref.)* Allez, regardez là-dedans, et dites-moi si ça vous va !

(Mais il ne bouge pas. Il semble réfléchir.)

LADY, *frissonnante, s'entourant de ses bras.*

Où va donc la chaleur dans cette maison ?

VAL

La chaleur monte...

LADY

Avec votre température de chien, vous n'avez pas froid, vous, n'est-ce pas ? Moi j'ai froid. J'en deviens bleue ! *(L'attente est insupportable pour Lady.)* Alors ? Vous allez la regarder, cette chambre, et me dire si elle vous convient, oui ou non ?

VAL

Je vais y jeter un coup d'œil... *(Il va au réduit et disparaît derrière la tenture. Une lampe s'allume et en transparence on voit le dessin stylisé d'un arbre d'or avec des fruits écarlates et des oiseaux blancs. Dehors, on entend le vrombissement d'un camion. La lumière des phares balaie les fenêtres couvertes de givre. Lady s'assied. La lumière s'éteint derrière la tenture et Val réapparaît. Elle est assise toute raide, sans le regarder. Il a l'air gentiment triste, comme s'il venait de subir une déception et qu'il s'y attendait.)* Vous avez été très bonne pour moi, Lady... Pourquoi voulez-vous que j'habite ici ?

LADY, *sur la défensive.*

Je vous ai dit pourquoi.

VAL

Pour vous tenir compagnie la nuit ?

LADY

Oui, pour garder la boutique, la nuit !

VAL

Pour être gardien de nuit ?

LADY

Oui, pour être gardien de nuit.

VAL

Ça vous rend nerveuse d'être seule ici ?

LADY

Maintenant, bien sûr ! Job dort avec un revolver sous l'oreiller, mais si quelqu'un pénétrait dans le magasin, il ne serait pas capable de se lever, et tout ce que je pourrais faire, ce serait de hurler ! Mais qui m'entendrait ? La demoiselle du téléphone qui fait le service de nuit a la maladie du sommeil ! De toutes façons, pourquoi êtes-vous si méfiant ? Vous me regardez comme si je complotais quelque chose. Il y a des gens qui sont bons : même moi !

(Elle est assise toute droite sur sa chaise, les lèvres et les yeux étroitement fermés, avec

une respiration lourde, qui trahit sa tension nerveuse.)

VAL

Je comprends, Lady, mais... pourquoi est-ce que vous vous tenez si raide sur votre chaise ? Vous êtes toute tendue.

LADY

Je sais.

VAL

Détendez-vous. *(Il tourne autour d'elle et s'approche. Elle le surveille.)* Vous avez confiance en moi, oui ou non ?

LADY

Oui, j'ai absolument confiance en vous.

VAL

Bon, eh bien, penchez-vous un peu en avant. *(Elle obéit.)* Laissez aller votre tête.

(Il place son genou au creux du dos de Lady, et elle pousse un rire aigu et surpris quand il la tire en arrière.)

LADY

Ah ! Ah ! Ça fait un bruit comme... comme les planches de la maison qui craquent quand il fait froid.

(Elle se détend.)

VAL

Ça va mieux ? Hein ! c'est un bon truc...

LADY

Oh ! oui ! beaucoup mieux... merci...

VAL, *il lui caresse le cou.*

Votre peau est comme de la soie. Vous avez la peau claire pour une Italienne.

LADY

Les gens dans ce pays pensent que les Italiens ont la peau brune. C'est vrai pour certains, mais pas pour tous ! Il y en a qui ont la peau claire, comme moi, très claire. Ah ! Ah ! *(Ce rire n'a pas de sens. Il lui sourit tandis qu'elle bavarde pour cacher son trouble.)* La sœur de ma grand-mère est venue ici, de Palerme, pour mourir dans sa famille. Moi je pense que les gens meurent toujours seuls, près ou loin de leur famille. J'étais une petite fille alors, et je me rappelle qu'elle prenait tellement de temps pour mourir que nous l'avions presque oubliée... Elle était si tranquille... dans son coin..., et je me rappelle qu'une fois je lui ai demandé : « Zia Teresa, quelle impression ça fait de mourir ? » Il faut être une petite fille pour poser des questions pareilles. Et je me rappelle sa réponse. Elle m'a dit : « C'est une impression de grande solitude. » Je crois qu'elle regrettait de n'être pas restée en Italie pour mourir dans un coin qu'elle connaissait... *(Elle regarde Val pour la première fois depuis qu'elle a parlé du réduit.)* Bon, eh bien, il y a un lavabo, et je ferai venir le plombier pour mettre une douche chaude et froide ! *(Elle se lève, s'éloigne maladroitement de la chaise.)* Je monte chercher des draps propres et je reviens faire le lit là-dedans. *(Elle court presque vers l'escalier. Il semble perdu dans ses méditations, mais dès qu'elle a disparu, il murmure quelque chose et va au tiroir-caisse. Il tousse fort pour couvrir le son du timbre, quand il ouvre le tiroir. Il rafle une poignée de billets et tousse encore pour couvrir le bruit de la fermeture du tiroir. Il prend sa guitare et sort. Lady redescend, portant des draps. Les gémissements de la nuit pénètrent par la porte qu'il a laissée ouverte. Elle va à la porte, sort un peu, regarde des deux côtés la route dans la nuit. Puis elle rentre. Elle est furieuse, jure en italien, ferme la porte d'un coup de pied et jette les draps sur le comptoir. Elle va brusquement au tiroir-caisse, l'ouvre et découvre le vol. Elle fait claquer le tiroir en le refermant violemment.)* Salaud !... petit salaud...

(Elle va au téléphone, décroche, tient un moment l'appareil, puis raccroche. Elle retourne à la porte, l'ouvre, et se tient debout sur le seuil, désespérée, regardant la nuit sans étoiles, tandis que les lumières s'éteignent.)

NOIR

TABLEAU V

Quelques heures plus tard, cette même nuit.

Val entre dans le magasin avec sa guitare ; il va au tiroir-caisse, l'ouvre, sort des billets d'une grosse liasse et les met dans le tiroir.

Soudain, des pas à l'étage au-dessus, puis de la lumière filtre sur le palier. Il s'éloigne rapidement du tiroir-caisse tandis que Lady apparaît dans une robe de satin blanc ; elle tient à la main une lampe de poche.

LADY

Qui est là ?

VAL

C'est moi.

(Elle projette le faisceau de la lampe sur son visage.)

LADY

Vous m'avez fait peur !

VAL

Vous ne m'attendiez pas ?

LADY

Comment pouvais-je savoir que c'était vous ?

VAL

Je croyais que vous m'aviez offert une chambre ici...

LADY

Vous êtes parti sans me dire si vous l'acceptiez ou non.

(Elle descend l'escalier, sa lampe toujours dirigée vers lui.)

VAL

Vous m'aveuglez avec votre lampe...

(Il rit. Elle garde la lampe dirigée sur lui.)

LADY

Le lit n'est pas fait, parce que je ne vous attendais pas.

VAL

Ça ne fait rien.

LADY

Quand je suis redescendue avec les draps, vous aviez fichu le camp.

VAL

Oui, eh bien ?... *(Elle prend les draps sur le comptoir.)* Donnez-moi ces trucs-là. Je peux faire mon lit moi-même. Demain, il faudra que vous vous trouviez un nouvel employé. *(Il lui prend les draps des mains et se dirige vers le réduit.)* Cette nuit, j'ai eu de la chance.

(Il montre une liasse de billets.)

LADY

Ah ! *(Il s'arrête près de la tenture. Elle va allumer la lampe à abat-jour vert au-dessus du tiroir-caisse.)* Vous venez d'ouvrir le tiroir-caisse, n'est-ce pas ?

VAL

... Pourquoi demandez-vous ça ?

LADY

Je l'ai entendu sonner tout à l'heure, c'est pour ça que je suis descendue.

VAL

Dans votre kimono de satin blanc ?

LADY

C'est vous qui venez d'ouvrir le tiroir-caisse ?

VAL

Je me demande qui ça pourrait être...

(Elle ouvre le tiroir et compte précipitamment l'argent qu'il contient. Elle tremble.)

LADY

Pourquoi avez-vous ouvert le tiroir-caisse ?

VAL

Je l'ai ouvert deux fois, ce soir. Une fois avant de sortir, et une deuxième fois quand je suis rentré. J'ai emprunté de l'argent et je l'ai remis dans la caisse, et il me reste tout ça ! *(Il lui montre la liasse de billets.)* J'ai joué contre un trafiquant d'alcool, et je l'ai battu cinq fois de suite ! Avec tout ce fric, je peux me mettre à la retraite pour le restant de la saison...

(Il remet l'argent dans sa poche.)

LADY

Vous me faites pitié.

VAL

Je vous fais pitié ?

LADY, *avec nervosité.*

Vous me faites pitié parce que personne ne peut vous aider. Moi, j'étais touchée par vos manières bizarres, votre conversation bizarre...

Cette histoire d'oiseau sans pattes qui est obligé de dormir sur le vent... Je me disais : « Ce garçon est un oiseau sans pattes qui est obligé de dormir sur le vent », et mon pauvre cœur de Macaroni était tout attendri, et je voulais vous aider... Pauvre imbécile... ! J'aurais dû m'y attendre : vous m'avez volée pendant que j'étais montée chercher des draps pour faire votre lit ! Et ce qui est encore plus bête, c'est que je suis déçue !

VAL

Si je vous ai déçue..., vous m'avez déçu.

LADY

Je vous ai déçu, moi ? Comment ?

VAL

Avant, il n'y avait pas de lit derrière ce rideau. Vous en avez mis un, et pour ça, vous devez avoir une bonne raison...

LADY

Il y avait un lit plié derrière le miroir...

VAL

Il n'y avait rien derrière le miroir quand vous m'avez dit trois fois de m'en aller...

LADY

Ce n'est pas vrai... Et puis j'avais laissé l'argent dans la caisse exprès, pour voir si je pouvais avoir confiance en vous.

VAL

Vous avez été remboursée...

LADY

Non, je ne peux plus avoir confiance en vous, maintenant, je sais que je ne peux plus avoir confiance en vous. Et moi, il faut que j'aie confiance, sinon je ne pourrai plus vous voir !

VAL

Ça va ! Je ne vous demanderai pas de lettre de recommandation.

LADY

Je vous la donnerai ! Je dirai : « Ce garçon a une drôle de conversation ! » Mais je ne dirai pas qu'il travaille dur et qu'il est honnête. Je dirai que c'est un drôle d'animal qui déambule comme un chat et qui vous attendrit par les histoires qu'il invente jusqu'à ce qu'il mette la main dans la caisse.

VAL

J'avais pris moins que ce que vous me deviez.

LADY

N'embrouillez pas la question. Je vois à travers vous, monsieur !

VAL

Je vois à travers vous, Lady.

LADY

Oui ? Et qu'est-ce que vous voyez ?

VAL

Vous voulez vraiment que je vous le dise ?

LADY

J'adorerais ça !

VAL

Une femme, qui n'est plus tout à fait jeune et qui n'est pas tout à fait satisfaite, qui a loué un homme sur la route pour faire un double travail sans avoir à payer les heures supplémentaires... Je veux dire : un employé de magasin le jour et un étalon la nuit.

LADY

Mon Dieu ! Non ! Vous... ! *(Elle lève la main comme si elle allait le frapper.)* Oh ! mon Dieu... Sale petit...

(Elle ne trouve pas les injures, aussi le frappe-t-elle avec ses poings. Il lui saisit les poignets. Elle se débat quelques instants, puis se laisse tomber sur la chaise. Il la lâche, doucement.)

VAL

Il n'y a pas de mal à ça... Vous vous sentiez seule...

(Elle sanglote éperdument contre le comptoir.)

LADY

Pourquoi êtes-vous revenu ?

VAL

Pour remettre l'argent que j'avais pris. Comme ça, vous n'auriez pas gardé le souvenir d'un type malhonnête ou ingrat. Bonsoir.

(Il prend sa guitare et va vers la porte en hochant la tête avec gravité. Elle sursaute.)

LADY

Non, non, ne partez pas !... J'ai besoin de vous ! *(La sincérité de son cri le touche alors, il se retourne et va vers le réduit. En tirant le rideau, il la regarde.)* Pour vivre... Pour continuer à vivre...

(Il referme le rideau, allume la lumière à

l'intérieur, et le rideau devient transparent. On voit Val s'asseoir avec sa guitare. Il commence à jouer doucement. Lady ramasse les draps et va vers le réduit, comme un enfant ensorcelé.
Juste avant d'y entrer, elle s'arrête troublée, mais il commence à murmurer les mots d'une chanson, si tendrement qu'elle ouvre le rideau, entre et referme le rideau derrière elle. Sur celui-ci, le dessin étrange de l'arbre d'or avec les oiseaux blancs et les fruits écarlates s'illumine.
La guitare joue encore pendant quelques instants, puis s'arrête. La scène s'obscurcit jusqu'à ce qu'on ne voie plus que le rideau illuminé, puis il disparaît à son tour.)

NOIR

TABLEAU VI

Très tôt le matin. La veille de Pâques.
Il y a de la lumière dans le réduit. Val, le torse nu, fume assis sur le lit de camp.
Lady descend l'escalier, haletante, les cheveux dénoués, en robe de chambre et en pantoufles. Prise de panique, elle appelle avec un chuchotement aigu...

LADY

Val ! Val ! Il descend !

VAL, *d'une voix encore enrouée par le sommeil.*

Qui ?

LADY

Job !

VAL

Job ?

LADY

Il descend !

VAL

Et alors ?

LADY

Habille-toi ! Cette sacrée infirmière lui a dit qu'il pouvait se lever et descendre inspecter le magasin ! Tu veux qu'il te trouve à moitié nu sur le lit ?

VAL

Il ne sait pas que je couche ici ?

LADY

Personne ne sait que tu couches ici... *(On entend des voix à l'étage au-dessus.)* Oh ! Mon Dieu ! Les voilà...

VOIX DE L'INFIRMIÈRE

Ne nous pressons pas. Une marche à la fois...

(Des pas dans l'escalier, lents, inégaux, ponctués par les encouragements nasillards et professionnels de l'infirmière.)

LADY, *affolée.*

Mets ta chemise et sors de là !

VOIX DE L'INFIRMIÈRE

Voilà, très bien !... Une marche à la fois. Appuyez-vous bien sur mon épaule et descendez une marche à la fois...

(Val se lève, encore abruti de sommeil. Lady ferme rapidement le rideau juste une seconde avant que les personnages qui descendent apparaissent sur le palier. Lady respire comme un coureur épuisé, s'éloigne du

réduit et arbore un sourire forcé.
Job et l'infirmière, Mlle Porte, s'arrêtent sur le palier ; au même moment, les nuages s'écartent et, d'une étroite fenêtre, un rayon de soleil frappe le couple. Ils ont un aspect bizarre et hideux. L'homme de haute taille, avec son costume noir rouillé qui pend sur lui comme un sac vide. Ses yeux brillent méchamment dans son visage jaune, il s'appuie sur une petite femme, trapue, tout habillée de blanc amidonné, avec la voix ronronnante, pleine d'encouragement, de douceur, et légèrement méprisante, de ceux qui sont payés pour s'occuper des moribonds.)

L'INFIRMIÈRE

Ah ! Voyez-vous ça ! Ce beau soleil qui perce !

LADY, *avec anxiété.*

Mademoiselle Porte ?... Il fait froid ici !

JOB

Qu'est-ce qu'elle dit ?

L'INFIRMIÈRE

Elle dit qu'il fait froid en bas.

LADY

Le magasin n'est pas encore chauffé !...

L'INFIRMIÈRE, *imperturbable.*

Il est décidé à descendre, madame Torrance.

LADY

Je sais, mais...

L'INFIRMIÈRE

Rien ne pourrait l'empêcher de descendre, immédiatement.

JOB, *épuisé.*

Si... si on se reposait une minute...

LADY, *rapidement.*

Oui ! Repose-toi une minute !

L'INFIRMIÈRE

O. K. Nous allons nous reposer une minute...

(Ils s'assoient côte à côte sur le banc sous le palmier artificiel, dans le rayon de soleil. Job a l'œil fixe d'une vieille bête sauvage qui est en train de mourir. On entend du bruit dans le réduit. Pour le couvrir, Lady pousse des petits cris étonnés, moitié riante, moitié haletante, se frottant les mains au pied de l'escalier, et faisant semblant de tousser.)

LADY

C'est qu'il fait glacial ici !...

JOB

Qu'est-ce qui ne va pas, Lady ? Pourquoi es-tu si nerveuse ?

LADY

Tout ça m'a l'air d'un miracle.

JOB

Qu'est-ce qui a l'air d'un miracle ?

LADY

Que tu descendes cet escalier.

JOB

Tu n'aurais jamais cru que je redescendrais cet escalier ?

LADY

Pas si tôt ! Pas si tôt que ça, Job ! Vous croyiez, vous, qu'il se rétablirait aussi vite que ça, mademoiselle Porte ?

(Job se lève.)

L'INFIRMIÈRE

Prêt ?

JOB

Prêt.

L'INFIRMIÈRE

Il est en bonne voie, touchons du bois.

LADY

Oui, touchons du bois, touchons du bois !

L'INFIRMIÈRE

Allons-y !

(Lady tambourine fortement sur le comptoir. Val, qui s'est habillé, sort silencieusement du réduit, tandis que Job et l'infirmière reprennent la lente descente de l'escalier.)

LADY

Attention, n'en fais pas trop. Tu ne voudrais pas risquer une rechute, n'est-ce pas ? N'ai-je pas raison, mademoiselle Porte ?

L'INFIRMIÈRE

Je ne crois pas. Ma méthode consiste à mettre le patient en mouvement... doucement... doucement... une marche à la fois.

LADY, *à Val, dans un chuchotement aigu.*

Retire cette foutue cafetière du réchaud !

(Elle lui fait signe de retourner dans le réduit.)

JOB

A qui parles-tu, Lady ?

LADY

A... à Val, l'employé ! Je lui dis de... d'aller te chercher une chaise !

JOB

Qui c'est ça, Val ?...

LADY

Val, l'employé ; tu connais Val !

JOB

Pas encore, mais je suis impatient de faire sa connaissance. Où est-il ?

LADY

Il est là, il est là ! Voilà Val !

(Val ressort du réduit.)

JOB

Il arrive tôt, l'employé...

LADY

L'oiseau qui se lève tôt attrape le ver !

(Elle rit.)

JOB

C'est vrai. Mais où est le ver ?

LADY, *elle rit plus fort.*

Ah ! Ah ! La veille de Pâques est le meilleur jour de l'année. Alors, j'ai dit à Val d'arriver une demi-heure plus tôt.

(Job rate une marche, trébuche et tombe au pied de l'escalier. Lady pousse un cri. L'infirmière se précipite derrière lui. Val s'approche et relève Job.) Oh ! mon Dieu !

L'INFIRMIÈRE

Oh ! oh !

JOB

Ça va... ça va bien.

L'INFIRMIÈRE

Vous êtes sûr ?

LADY

Tu es sûr ?

JOB

Laissez-moi !...

(Il titube et s'appuie sur le comptoir, haletant, les yeux fixes, avec un sourire mauvais.)

LADY

Oh ! mon Dieu, mon Dieu...

JOB

C'est le garçon qui travaille ici ?

LADY

Oui, Job, c'est l'employé que j'ai pris pour nous aider.

JOB

Et ça marche ?

LADY

Bien, très bien.

JOB

C'est vraiment un joli garçon... Est-ce que les femmes l'embêtent beaucoup ?

LADY

A la sortie de l'école, les petites filles arrivent comme des mouches dans le magasin !

JOB

Et les femmes un peu plus vieilles ? Il ne plaît pas aux femmes un peu plus vieilles ? Ce sont les vieilles qui font la clientèle, c'est elles qui ont de l'argent. Elles le tirent de la sueur de leurs maris et elles le jettent par les fenêtres ! Combien est-ce que tu gagnes, mon garçon, combien est-ce que je te paie ?

LADY

Vingt-deux dollars cinquante par semaine.

JOB, *regardant fixement Lady.*

Tu l'as pour pas cher.

VAL

J'ai une commission.

JOB

Une commission ?

VAL

Oui, un pour cent sur la vente.

JOB

Oh ? Oh ? Je ne savais pas ça.

LADY

J'étais sûre qu'il attirerait la clientèle, et il l'attire.

JOB

Tu parles !

LADY

Val, allez chercher une chaise pour Job. Il devrait être assis.

JOB

Non. Je ne veux pas m'asseoir. Je veux jeter un coup d'œil sur... *(Son regard parcourt le magasin et s'arrête sur le réduit.)* le bar...

LADY, *soulagée.*

Oh oui ! oui ! Viens le voir ! Val, allumez le bar. Je veux que mon mari voie les transformations que j'ai faites. J'en suis vraiment très fière ! *(Val va allumer, dans le bar, des arceaux de petites ampoules électriques, sur lesquels s'enroulent des fleurs et des raisins artificiels.)* Viens voir, Job. J'en suis très fière !

(Il regarde Lady, puis il se traîne vers la lumière éblouissante du bar. En même temps une musique de foire commence à se faire entendre faiblement, puis de plus en plus fort.)

L'INFIRMIÈRE

Oh ! C'est très artistique.

JOB

Ouais. Foutrement artistique.

L'INFIRMIÈRE

Je n'ai jamais rien vu de pareil.

JOB

Personne n'a jamais rien vu de pareil.

VAL, *à mi-voix.*

Il a l'air d'un cadavre.

LADY

Chut !...

L'INFIRMIÈRE, *aidant Job à revenir dans le magasin.*

Qui a fait ces décorations ?

LADY, *sur un ton de défi.*

Moi. Moi toute seule !

L'INFIRMIÈRE

Vous m'en direz tant ! C'est vraiment très artistique.

(La musique se fait entendre très fort maintenant.)

JOB, *allant vers l'escalier.*

Il y a un cirque dans le pays ?

LADY

Quoi ?

JOB

On dirait de la musique de cirque...

LADY

Ce n'est pas de la musique de cirque. C'est une parade pour le gala d'ouverture ce soir !

JOB

Qu'est-ce que tu dis ?

LADY

C'est de la publicité pour l'inauguration de notre bar ; ils vont faire toute la rue centrale et cet après-midi tout Sunset et la Résidence. Viens vite les voir passer.

(Elle se précipite avec animation pour ouvrir la porte tandis que la musique s'approche et que Job et l'infirmière remontent l'escalier.)

JOB

J'ai épousé une dégourdie, mademoiselle Porte... Et ça va me coûter combien cette foutue affaire artistique ?...

LADY

Presque rien... tu seras étonné de... *(Elle parle avec une vivacité hystérique.)* Je les ai loués pour une chanson !

JOB

Une chanson qui coûte combien ?

LADY, *refermant la porte.*

Presque rien, 75 cents de l'heure ! Et ils vont parcourir trois villes dans la région des Deux-Rivières.

(La musique s'éloigne.)

JOB, *avec une sourde férocité.*

Oui, mademoiselle Porte, j'ai épousé une dégourdie ! C'est une dégourdie que j'ai épousée, n'est-ce pas ? Son père, le Macaroni, était, lui aussi, un dégourdi, jusqu'au jour où il a été brûlé. *(Lady a un hoquet de surprise, comme si on venait de la frapper. Job s'arrête au milieu de l'escalier, et avec un mauvais sourire.)* Il avait une guinguette sur la rive nord du lac. Le nouveau bar me la rappelle vaguement. Mais un jour, il a commis une erreur, il a commis une sale erreur, il a vendu de l'alcool à des nègres. Alors, nous avons brûlé sa guinguette. Nous avons brûlé la maison et le verger et les vignes, et le Macaroni a été brûlé vif en essayant d'arrêter l'incendie... *(Son visage se crispe brusquement.)* Je ferais mieux de remonter.

LADY

Tu as dit « NOUS » ?

JOB, *dans un souffle.*

J'ai une espèce de crampe...

L'INFIRMIÈRE

Eh bien, remontons !...

JOB

Oui, je ferais mieux de remonter...

(Ils vont vers l'escalier. La musique se rapproche.)

LADY, *presque en criant.*

Job ! Est-ce que tu as dit « NOUS » ? Est-ce que tu as dit « NOUS » ?

JOB, *arrivé sur le palier, s'arrête et se retourne.*

Oui, j'ai dit « NOUS ». Tu as bien entendu, Lady.

VOIX DE L'INFIRMIÈRE

Une marche à la fois, une marche à la fois. Allons, doucement.

(Ils ont disparu et on les entend monter marche par marche jusqu'à la chambre de Job. La musique passe devant le magasin, et on voit un clown qui crie dans un porte-voix :)

LE CLOWN

Ne l'oubliez pas, mesdames et messieurs, ne l'oubliez pas : c'est ce soir à neuf heures le gala d'ouverture du bar de la maison Torrance ! Ambiance, musique et surprises, n'oubliez pas le gala d'ouverture du bar de la maison Torrance.

(La musique s'éloigne. Un cri rauque en haut. L'infirmière se précipite dans l'escalier en criant :)

L'INFIRMIÈRE

Il perd son sang, il a une hémorragie ! *(A Lady.)* Où sont les jetons... Donnez-moi un jeton... *(Elle court au téléphone.)* « Le docteur Buchanan !... Mademoiselle...

vite, le docteur Buchanan... » *(Elle se retourne vers Lady.)* Votre mari a une hémorragie !

(On entend de nouveau le clown et la musique.)

LADY, *à Val.*

Tu as entendu ce qu'il a dit ? Il a dit « Nous », « Nous avons brûlé... la maison, les vignes, le verger... et le Macaroni a été brûlé vif en combattant l'incendie... »

(Elle s'abat en sanglots dans les bras de Val.)

VOIX DU CLOWN

Ce soir à 9 heures. De la joie, de la gaieté... La maison Torrance est une bonne maison fondée il y a vingt ans..., une maison solide...

(On entend la musique de l'orchestre de foire passer tout près du magasin.)

L'INFIRMIÈRE, *elle crie au téléphone.*

Allô !... Allô !... Allô !...

(Les lumières s'éteignent.)

NOIR

TABLEAU VII

Le même jour. Au crépuscule.

Il a plu, mais le temps se dégage : un soleil rouge perce tout à coup et, presque au même instant, à une certaine distance, une femme pousse un grand cri rauque de terreur et d'extase ; le cri se répète, tandis que la femme se rapproche en courant.

Ève paraît sur le trottoir. Elle semble aveugle, protégeant ses yeux avec un bras, tandis qu'elle cherche son chemin vers l'entrée du magasin, le long de la devan-

ture, et qu'elle essaye de reprendre son souffle. Val la guide vers l'intérieur.

Pendant quelques instants, elle s'appuie, aveugle, haletante, contre la porte. Puis elle crie :

ÈVE

Je... je suis aveugle !

VAL, *la conduisant devant le comptoir.*

Asseyez-vous, madame Talbott... *(La poussant doucement.)* Ici... *(Ève s'effondre en gémissant sur un tabouret.)* Qu'est-ce qui vous fait mal aux yeux, madame Talbott ?

ÈVE

La vision que j'ai attendue et que j'ai appelée dans mes prières toute ma vie !

VAL

Vous avez eu une vision ?

ÈVE

J'ai vu les yeux du Sauveur ! Ils m'ont rendue aveugle ! *(Elle se penche en avant, pressant ses yeux avec angoisse.)* Ohhh ! Ils ont brûlé mes yeux ! Les globes de mes yeux brûlent comme du feu...

VAL

Je vais vous mettre quelque chose de froid sur les yeux.

ÈVE

Je savais que j'allais avoir une vision. Oh ! j'ai eu tellement de signes !

VAL, *dans le bar.*

Ça doit être un choc terrible...

(Il parle gravement, gentiment, prenant de la glace pilée dans le frigidaire et l'enveloppant dans son mouchoir.)

ÈVE, *avec la naïveté d'un enfant.*

Je croyais que je verrais le Sauveur le jour de la Passion. C'était ce jour-là que je croyais le voir, mais je m'étais trompée, et j'étais... déçue. Mais... aujourd'hui... *(Val place le mouchoir sur les yeux d'Ève.)*... exactement cet après-midi, j'ai repris courage et je suis allée prier dans l'église vide et méditer sur la Résurrection du Christ qui a lieu demain. Sur la route pendant que je marchais en pensant aux mystères de Pâques, des voiles... *(Elle fait de « voiles » un grand mot frémissant.)*... ont paru se détacher de mes yeux ! De la lumière, oh ! de la lumière ! Je n'ai jamais rien vu d'aussi éblouissant ! Ça m'a percé les yeux comme des aiguilles !

VAL

... De la lumière ?

ÈVE

Oui, oui, de la lumière. Vous savez... vous savez bien que nous vivons dans la lumière et dans l'ombre. Oui, c'est là, c'est là que nous vivons : un monde... de lumière... et d'ombre...

VAL

Oui ! Dans la lumière et dans l'ombre.

(Il hoche la tête en signe de totale compréhension. Ils sont comme deux enfants qui ont découvert le sens de la vie, avec calme et simplicité, le long d'un chemin de campagne.)

ÈVE

Ensuite... *(Un homme est en train de regarder par la porte vitrée du magasin.)* Le ciel ! Grand ouvert !... Et dans la déchirure du ciel, j'ai vu, je vous dis que j'ai vu les DEUX YEUX IMMENSES ET FLAMBOYANTS DE JÉSUS-CHRIST RESSUSCITÉ ! Pas crucifié, mais ressuscité ! Et ensuite, un grand... *(Elle lève les bras et fait un grand geste tournoyant pour décrire un bouleversement apocalyptique de l'atmosphère.)* Et Sa main ! Invisible ! Je n'ai pas vu Sa main ! Mais elle m'a touchée ! Ici !

(Elle prend la main de Val et l'appuie sur sa forte poitrine haletante.)

LE SHÉRIF, *a ouvert la porte vitrée.*

Ève ! *(Elle se lève, en rejetant la compresse qui était sur ses yeux, pousse un bref cri de surprise et titube en arrière pleine de terreur et d'extase sacrée. Le shérif, hors de lui :)* Ève !

ÈVE

Toi !

LE SHÉRIF, *avançant.*

Ève !

ÈVE, *faisant deux syllabes du mot « yeux ».*

Les Y-eux !

(Elle s'effondre en avant, tombe à genoux, entourant Val de ses bras.)

(Deux ou trois hommes regardent par la fenêtre de la boutique.)

LE SHÉRIF, *repoussant Val.*

Laisse-la tranquille, ne touche pas ma femme ! *(Il la saisit brutalement et la tire vers la porte. Tom et Louis entrent dans le magasin. Le shérif, à Tom, en sortant avec Ève.)* Surveille ce gars.

UNE VOIX, *au-dehors.*

Le shérif l'a surpris en train de batifoler avec sa femme.

(Une autre voix répète cette remarque plus loin.

Tom et Louis se tiennent silencieux, près de la porte. La scène suivante doit être jouée avec retenue, presque avec nonchalance, comme l'accomplissement de quelque rite familier.)

VAL

Qu'est-ce que vous voulez ?

(Tom ne dit rien, mais tire de sa poche un couteau à cran d'arrêt.)

LES VOIX, *à l'extérieur.*

Fils de putain qui s'amuse avec...
Ça c'est bien vrai, il faudrait le...
Les lui couper à ce petit salaud...

VAL

Qu'est-ce que vous voulez... ? *(Louis ferme la porte et se tient silencieusement à côté d'elle, en ouvrant son couteau à cran d'arrêt.)* Il est six heures. Le magasin est fermé.

(Tom rit avec un bruit de feuilles mortes. Tout à coup, Val s'élance vers la porte du magasin et s'arrête net. Le shérif est derrière.)

LE SHÉRIF, *entrant.*

Mon gars, je t'ai dit de rester ici.

VAL, *il recule.*

Je ne m'en vais pas...

LE SHÉRIF

Assieds-toi là.

VAL

Où ça ?

LE SHÉRIF

Là. *(Il lui montre le tabouret... Tom ceinture Val et l'assied de force.)* Je veux te regarder pendant que je passe en revue les photos de types qu'on recherche.

VAL

On ne me recherche pas.

LE SHÉRIF

Un joli garçon comme toi est toujours très recherché. *(Tom rit. Louis soupire. Talbott cherche dans les photos qu'il a retirées de sa poche.)* Combien mesures-tu, mon gars ?

VAL

Je ne me suis jamais mesuré.

LE SHÉRIF

Combien pèses-tu ?

VAL

Je ne me suis jamais pesé.

LE SHÉRIF

Cicatrices, signes particuliers sur le visage ou sur le corps ?

VAL

Non, monsieur.

LE SHÉRIF

Ouvre ta chemise.

VAL

Pourquoi ?

(Il n'obéit pas.)

LE SHÉRIF

Ouvre-lui la chemise, Tom. *(Tom, brutalement, lui ouvre la chemise jusqu'à la ceinture. Val fait un mouve-*

ment. Tom le maintient de force.) C'est ça, reste où tu es, mon gars. Qu'est-ce que tu faisais avant ?

VAL

Avant quoi ?

LE SHÉRIF

Avant de venir ici.

VAL

Je voyageais, et... je jouais.

LE SHÉRIF

Tu jouais ?

TOM

A quoi ?

LOUIS

Avec les femmes ?

(Tom rit.)

VAL

Non. Je jouais de la guitare... et je chantais.

LE SHÉRIF

Fais-la voir un peu cette guitare.

VAL, *se dégageant et bondissant par-dessus le comptoir.*

Vous pouvez la regarder, mais ne la touchez pas. Je ne permets à personne d'y toucher, sauf aux musiciens.

(Il empoigne sa guitare. Les hommes se rapprochent.)

TOM

Pourquoi est-ce que tu souris, mon gars ?

LOUIS

Il ne sourit pas. C'est simplement que sa bouche se crispe comme la patte d'un poulet qu'on saigne.

(Tom rit.)

LE SHÉRIF

Qu'est-ce qui est écrit sur cette guitare ?

VAL

Des noms...

LE SHÉRIF

Les noms de qui ?

VAL

Des autographes de musiciens morts et vivants.

(Les hommes épellent à haute voix les noms inscrits sur la guitare : Bessie Smith, Leadbelly, Oliver, *etc. Ils se penchent pour mieux voir. Tom prend le manche de la guitare. Val bondit, avec l'agilité d'un chat, sur le comptoir. Il court dessus, donnant des coups de pied dans les mains des hommes qui cherchent à lui attraper les jambes.*
L'infirmière apparaît sur le palier.)

L'INFIRMIÈRE

Qu'est-ce qui se passe ?

LE SHÉRIF, *en même temps.*

Arrêtez !

(La voix rauque de Job appelle au-dessus.)

L'INFIRMIÈRE, *très animée, d'un trait, tandis que Job appelle.*

Où est Mme Torrance ? J'ai là un homme très malade, et sa femme disparaît. *(Job appelle de nouveau.)* J'ai vu toutes sortes de cas, mais je n'en ai jamais vu un où la femme du malade montrait aussi peu d'intérêt pour l'homme auquel elle doit tout.

(Elle disparaît dans l'escalier.)

LE SHÉRIF, *calmement.*

Tom, pourquoi est-ce que tu ne montes pas avec Louis voir Job ? Laissez-moi m'occuper de ce gars. Allez, allez.

(Tom et Louis ferment leurs couteaux et montent. Val reste haletant, debout sur le comptoir. L'attitude de Talbott : une gentillesse curieuse, à moitié déconcertée, quand il est seul avec Val, comme s'il reconnaissait la part de pureté de celui-ci, et comme s'il était sincèrement honteux du sadisme de l'incident.)

LE SHÉRIF, *s'asseyant et allumant un cigare.*

Ça va, mon gars. Descends du comptoir, je ne toucherai pas à ta guitare... Viens ici... *(Val saute du comptoir.)* Je vais te dire une chose. Il y a une certaine ville, que je connais, où ils ont mis à l'entrée une grande pancarte. Et cette pancarte dit : « Nègre, ne laisse pas le soleil se coucher tant que tu es dans cette ville. » C'est tout ce qu'elle dit ; pas de menaces, elle dit simplement : « Nègre, ne laisse pas le soleil se coucher tant que tu es dans cette ville ! » *(Il pousse un petit rire rauque.)* Tu comprends, fiston ? Tu n'es pas un nègre, et ce n'est pas de cette ville-ci que je parlais. Mais, fiston, tout ce que je veux, c'est que tu imagines que tu as vu une pancarte qui te disait : « Mon gars, ne laisse pas le soleil se lever tant que tu es dans cette ville. » Je dis « se lever » et pas « se coucher », parce qu'on est trop près du coucher du soleil pour que tu aies le temps de faire ta valise et de filer. Mais je me dis que, si tu tiens à cet instrument, tu me simplifieras la tâche en ne permettant pas au soleil de se lever demain sur cette ville avant que tu en sois parti... C'est compris, maintenant, mon gars ? *(Val le regarde fixement, sans expression. Le shérif va à la porte.)* En tout cas, je le souhaite. Je n'aime pas la violence.

(Il se retourne et fait un signe de tête à Val. Puis il sort dans la lumière flamboyante du coucher du soleil. Les chiens aboient au loin. Les lumières s'éteignent.)

NOIR

TABLEAU VIII

Deux heures après. L'intérieur du magasin est sombre.

Au-dehors, le vent chante et pousse des nuages devant la lune, et la campagne, qui paraît ensorcelée, est ainsi tantôt éclairée, tantôt plongée dans l'obscurité. Les chiens du shérif sont nerveux : on les entend aboyer de temps en temps. Une lampe, à l'extérieur, éclaire parfois une silhouette qui passe avec une hâte mystérieuse, et qui appelle doucement et lève la main pour faire un signe, semblable à une ombre au royaume des enfers.

On entend des pas qui descendent l'escalier, tandis que Dolly et Jenny entrent dans le magasin et appellent, en étouffant leurs voix...

DOLLY

Tom ?

JENNY

Louis ?

CONSTANCE, *apparaît sur le palier et s'adresse aux femmes qui sont en bas, doucement, mais avec le ton supérieur de ceux qui ont le privilège de jouer un rôle dans une chambre de malade.*

S'il vous plaît, ne criez pas ! M. Binnings et M. Hamma sont assis là-haut, au chevet de Job. *(Elle continue à descendre. Alors Rose arrive en sanglotant sur le palier.)* Fais attention en descendant, Rose.

ROSE

Aide-moi. Je suis brisée...

JENNY

Est-ce qu'il saigne toujours ?

CONSTANCE

L'hémorragie semble s'être arrêtée. Rose ! domine-toi ! Ce sont des choses que nous devons tous regarder en face une fois dans la vie.

DOLLY

Est-ce qu'il est dans le coma ?

CONSTANCE

Non. Cousin Job a gardé ses esprits. L'infirmière dit que son pouls est remarquablement fort pour un homme qui a perdu tant de sang. Il faut dire qu'on lui a fait une transfusion.

ROSE, *en pleurant.*

On lui en a fait deux.

CONSTANCE

Oui, et ils lui ont injecté du glucose dans les veines. Sa force est revenue comme par enchantement.

JENNY

Elle est là-haut ?

CONSTANCE

Qui ?

JENNY

Lady !

CONSTANCE

Non ! Aux dernières nouvelles, elle entrait dans un salon de coiffure...

JENNY

Pas possible !

CONSTANCE

Demandez à Rose !

ROSE

Elle a l'intention de donner quand même !...

CONSTANCE

... Le gala d'ouverture du bar... Oui ! *(Sarcastique.)* Allume là-dedans, Rose. *(Le bar s'illumine. Dolly et Jenny poussent des exclamations effrayées.)* Évidemment, elle n'est pas normale, c'est de la folie pure, mais enfin, ce n'est pas une excuse ! Et quand elle a téléphoné vers cinq heures, ce n'était pas pour demander comment allait Job, oh, non, elle n'a même pas prononcé son nom : elle a demandé si Ruby avait livré une caisse de whisky. Oui, elle a simplement crié cette question et elle a raccroché avant que je puisse...

(Elle disparaît dans le bar.)

JENNY

Oh ! Je comprends maintenant ! Je vois où elle veut en venir. Une lune électrique, des étoiles en papier d'argent et des vignes artificielles ? Mais voyons ! C'est la guinguette de son père qu'elle a reconstituée dans le bar.

DOLLY

La voilà ! La voilà !

(Constance et Rose se retirent dans le bar, tandis que Lady entre dans la boutique. Elle porte un imperméable à capuchon et tient dans les bras un grand sac en papier et une boîte de carton.)

LADY

Continuez, mesdames, ne vous arrêtez pas, mes oreilles chantent !

JENNY

Lady, oh !... Lady, Lady...

LADY

Pourquoi dites-vous mon nom sur ce ton plein de pitié ? Hein ? *(Elle rejette son capuchon, les yeux brillants, et pose le sac et la boîte sur le comptoir.)* Val ? Val ? Où est le garçon qui travaille ici ? *(Dolly secoue la tête.)* Il doit être en train de manger un bifteck à 95 cents à l'Oiseau-Bleu. *(Des bruits dans le bar.)* Qui est dans le bar ? C'est vous, Val ? *(Dolly et Jenny s'en vont.)* Vous partez, mes jolies ? *(Elles sortent du magasin.)* Oui, elles s'en vont...

(Elle rit, enlève l'imperméable et le jette sur le comptoir. Elle porte une robe décolletée, trois rangs de perles et un petit bouquet de fleurs attaché par des rubans de satin à son corsage.)

CONSTANCE, *tristement.*

Depuis combien de temps est-ce que je vous connais, Lady... ?

LADY, *elle va derrière le comptoir et sort de ses paquets des chapeaux de papier et des mirlitons.*

Depuis longtemps, Constance... Vous devez vous rappeler quand ma famille est arrivée ici sur un bananier, nous venions de Palerme en Sicile, en passant par Caracas, oui, avec un orgue de Barbarie et un singe que mon père avait acheté au Venezuela. Je n'étais guère plus grande que le singe ! Vous vous souvenez du singe ? L'homme qui l'avait vendu à papa lui avait dit que c'était un jeune singe, mais l'homme était un menteur : c'était un très vieux singe, il n'en avait plus pour longtemps à vivre. Seulement c'était un singe bien habillé. *(Elle ouvre une petite ombrelle en papier et la fait tourner sur son épaule.)* Il portait un costume de velours vert, une petite casquette rouge avec laquelle il saluait et un tambourin pour faire la quête... L'orgue de Barbarie jouait et le singe dansait au soleil... « O Sole Mio... » Un jour, le singe a trop dansé au soleil, c'était un très vieux singe, et il est tombé mort... Mon père s'est tourné vers les gens, il s'est incliné, et il a dit : « Le spectacle est terminé, le singe est mort. »

CONSTANCE, *d'un ton venimeux.*

C'est merveilleux, comme Lady est courageuse !

ROSE

Oui, merveilleux...

LADY

Pour moi, le spectacle n'est pas terminé, le singe n'est pas encore mort ! Val ? C'est vous, Val ?

(Quelqu'un est entré dans le bar, par la porte qu'on ne voit pas, et le courant d'air fait tinter frénétiquement le carillon de l'entrée. Lady se précipite, mais s'arrête net quand apparaît Carol. Elle porte un trench-coat et un béret blanc de marin, avec le rebord baissé, sur lequel on lit le nom d'un bateau et une date.)

CONSTANCE

Eh bien, Lady, voilà votre premier client !

LADY, *en allant derrière le comptoir.*

Carol, le bar n'est pas ouvert.

CAROL

Il y a une grande pancarte à l'extérieur : « Ouverture ce soir ».

LADY

Il n'est pas ouvert pour vous.

CAROL

Il faut que je reste ici un moment. Vous comprenez, je n'ai plus de permis de conduire, on me l'a retiré et il faut que je trouve quelqu'un pour m'emmener de l'autre côté du fleuve.

LADY

Vous pouvez appeler un taxi.

CAROL

On m'a dit que le garçon qui travaille chez vous s'en va ce soir...

LADY

Il s'en va ? Qui a dit ça ?

CAROL

M. Talbott. Et il a suggéré que je demande à Val de me conduire de l'autre côté du fleuve, puisqu'il le traversera aussi.

LADY

Vous êtes drôlement mal renseignée !

CAROL

Où est-il ?

LADY

Pourquoi venez-vous constamment ennuyer ce garçon ? Vous ne l'intéressez pas ! Pourquoi devrait-il partir ce soir ?... C'est vous, Val ? *(Le magicien entre par le bar.)* Pas de sorcellerie ici, va-t'en !

CAROL

Grand-père ! Pousse le cri Choctaw ! Je te donnerai un dollar !

(Le nègre rejette la tête en arrière sur son cou décharné, et pousse une série de brefs aboiements qui montent jusqu'au cri continu, d'une sauvage intensité.
Le cri produit une violente réaction dans la maison. Constance et Rose s'enfuient du magasin, Tom et Louis descendent en hâte l'escalier, bousculent le nègre et le chassent tandis que sur le trottoir leurs femmes appellent : Louis, Tom !
Val ouvre le rideau du réduit et apparaît, comme si le cri était son signal d'entrée en scène. Au-dessus, dans la chambre du malade, on entend des cris rauques et furieux, qui s'épuisent.)

CAROL

Il y a encore quelque chose de sauvage dans ce pays ! Autrefois, ce pays était sauvage, les hommes et les femmes y étaient sauvages, et ils éprouvaient au fond de leur cœur une sorte de tendresse sauvage les uns pour les autres... mais maintenant, le pays a la maladie du néon, il est ravagé par la maladie du néon. J'attendrai dehors dans ma voiture. De toutes les machines qui roulent aux Deux-Rivières, c'est la plus rapide !

(Elle sort du magasin. Lady regarde Val avec de grands yeux interrogateurs, une main posée sur sa gorge.)

LADY, *avec une hardiesse feinte.*

Tu ne pars pas avec elle ?

VAL

Je suis arrivé ici seul et je partirai seul.

LADY, *elle respire.*

Alors mets ta veste blanche. J'ai besoin de toi ce soir. *(Val la regarde avec insistance pendant plusieurs secondes. Elle bat deux fois des mains.)* Remue-toi, remue-toi ! Et cesse de faire l'idiot ! Dans une demi-heure c'est la fin du film au Delta-Palace, et ils vont tous venir ici ; va piler de la glace pour les verres !

VAL, *comme s'il croyait qu'elle est devenue folle.*

Piler de la glace pour les verres ?

LADY

Oui, téléphone à Ruby et dis-lui qu'il faut encore douze bouteilles de whisky. Tu sais comment vendre de l'alcool sous le comptoir ? On peut y aller. J'ai acheté la police. Nous allons avoir de l'argent, beaucoup d'argent... bientôt... ce soir peut-être ou demain... qui sait ? *(Elle pousse un léger cri, touche le creux de son estomac.)* Mais il y a une chose à laquelle il faut faire attention : ne sers pas d'alcool aux mineurs. Demande à voir leur permis de conduire. Tous ceux qui sont nés avant... attends... Vingt et un retiré de... Oh ! je ferai le calcul plus tard. Allez ! Remue-toi ! Cesse de faire l'idiot !

VAL

C'est vous qui faites l'idiote, Lady.

LADY

Remue-toi, je te dis, remue-toi !

VAL

Qu'est-ce qui vous excite comme ça ? Vous vous êtes envoyé deux cachets de benzédrine et un pot de café noir. *(Comme elle passe près de lui, il saisit son bras nu.)* Vous avez fini de galoper comme un zèbre ?

LADY

Va mettre ta veste blanche.

VAL

Écoute...

LADY, *elle essaie de se dégager.*

Je n'ai pas le temps.

VAL

Tu ne peux pas ouvrir une boîte de nuit ici, ce soir.

LADY

Je te jure sur ta jolie tête que je vais le faire !

VAL

Oh non ! pas sur ma jolie tête !

LADY

Je te le jure sur ma tête ! Jolie ou pas jolie. Je vais...

VAL

Tu peux jurer sur ta tête... Elle est à toi.

(Il la laisse aller en haussant tristement les épaules.)

LADY

Tu comprends, il y a un homme là-haut qui a mis le feu à la guinguette de mon père, et j'ai perdu ma vie dans cette histoire, oui, j'y ai perdu ma vie, trois vies s'y sont perdues, deux vies de gens déjà nés, et une... de quelqu'un qui ne l'était pas encore... J'ai été poussée à commettre un meurtre à cause de lui, là-haut ! Je veux que cet homme voie renaître la guinguette, pendant qu'il est en train de mourir. Je veux qu'il l'entende ici cette nuit ! Pendant qu'il est en train de mourir ! Il le faut ; aucune puissance au monde ne peut m'arrêter. Il le faut tout simplement ! Tu comprends ? Simplement pour ne pas être vaincue ! Ah ! je ne serai plus jamais vaincue, plus jamais dans la vie ! *(Elle l'étreint.)* Merci de rester ici avec moi. Que Dieu te bénisse pour cela !... Maintenant, s'il te plaît, va mettre ta veste blanche...

(Elle a un geste étrange, maladroit : elle se colle contre lui, le corps arqué, les yeux

aveugles... Val la regarde, comme s'il essayait de choisir entre la sensibilité naturelle de son cœur et ce que la vie lui a appris depuis qu'il a quitté les marais de son enfance. Puis il soupire encore, avec le même petit haussement d'épaules triste, et il va dans le réduit pour mettre une veste et retirer de dessous le lit de camp une valise de toile qui contient ses affaires. Lady prend les chapeaux de papier et les mirlitons, va dans le bar et les pose sur les tables, puis elle revient, mais elle s'arrête net en voyant Val sortir du réduit avec sa veste en peau de serpent et une valise.)

LADY

Ce n'est pas ta veste blanche, c'est la veste en peau de serpent que tu portais en arrivant.

VAL

C'est avec cette veste que j'arrive et que je m'en vais.

LADY

... Que tu t'en vas ?

VAL

Oui, madame, c'est ce que j'ai dit : je m'en vais. Tout ce qui reste à régler, c'est la petite question de mon salaire.

(Ce qu'elle redoutait est arrivé. C'est ce qu'on appelle « la minute de vérité », dans l'arène, quand le toréador plonge son épée dans l'échine du taureau, pour la mise à mort.)

LADY

Alors, tu... tu te barres ?

VAL

Ma valise est faite. Je vais prendre un bus pour le Sud.

LADY

Quelle blague ! On ne me la fait pas, monsieur. Elle t'attend dans sa puissante voiture et tu vas...

(Soudain, des pas dans l'escalier. Ils s'éloignent l'un de l'autre. Val pose sa valise, reculant dans l'ombre, tandis que Mlle Porte apparaît sur le palier.)

L'INFIRMIÈRE

Madame Torrance, vous êtes là ?

LADY

Oui. Je suis là. Je suis revenue.

L'INFIRMIÈRE

Pourriez-vous monter ? Je voudrais vous parler de M. Torrance.

LADY

Je monte dans une minute. *(L'infirmière remonte. La porte se ferme en haut. Lady se tourne vers Val.)* O.K. Maintenant, monsieur... Tu as peur de quelque chose, n'est-ce pas ?

VAL

Je n'ai pas peur, mais on m'a menacé de passer à des actes de violence si je reste ici.

LADY

Je suis protégée dans le pays. J'ai payé la police, et je l'ai bien payée. Et tu es couvert, toi aussi...

VAL

Non, madame, j'ai fait mon temps ici.

LADY

Tu parles comme si tu venais de faire de la prison.

VAL

Je me suis mouillé plus que je ne le voulais, Lady.

LADY

Oui, et moi qu'est-ce que je deviens là-dedans ?

VAL

Je serais parti avant que tu reviennes au magasin, mais je voulais te dire une chose que je n'ai jamais dite à personne. *(Il pose ses mains sur ses épaules.)* J'éprouve un véritable amour pour toi, Lady !

(Il l'embrasse.)

LADY, *elle recule.*

Oh ! ne me parle pas d'amour, pas à moi, parce que je sais qui tu es. C'est facile de dire « Amour ! Amour ! » quand on a un moyen de transport rapide et gratuit qui attend devant la porte !

VAL

Tu te souviens de certaines choses que je t'ai dites sur moi le soir où on a fait connaissance ici ?

LADY

Oui, tu as dit beaucoup de choses. Oui... la température d'un chien. Et puis l'oiseau, oh oui, l'oiseau sans pattes, et il fallait qu'il dorme sur le vent !

VAL, *pendant qu'elle parle.*

Non, pas ça, pas ça.

LADY

Et comment tu pouvais épuiser une femme et la mettre sur les genoux. J'ai dit « des blagues » ! Je le retire. Tu peux épuiser une femme, la réduire en cendres et piétiner les cendres pour être sûr que le feu est bien éteint !

VAL

J'étais sincère quand je disais que je voulais changer de vie...

LADY

Combien de temps as-tu gardé cette place ? La première place sûre de ta vie.

VAL

Trop longtemps ! Trop longtemps !

LADY

Quatre mois et cinq jours, monsieur. Combien as-tu gagné ?

VAL

Oh ! Tu peux tout garder...

LADY

Je peux te donner les chiffres à dix sous près. Quatre-vingt-cinq dollars par mois, non, quatre-vingt-dix ! C'est des misères, ça, monsieur ! Tu sais combien tu vas recevoir ? Je n'ai pas besoin de papier pour faire le calcul, j'ai tout ça dans ma tête. Tu vas recevoir cinq cent quatre-vingt-six dollars, et ça, ce n'est pas rien. Mais, monsieur *(elle reprend sa respiration)*, si tu essaies de me quitter, cette nuit, sans préavis, tu ne recevras absolument rien ! Un beau gros zéro ! *(Quelqu'un frappe à la porte :* « Hé, c'est ouvert ? » *(Elle se précipite en criant :)* C'est fermé ! Fermé ! Allez-vous-en ! *(Val se dirige vers le tiroir-caisse. Elle se retourne vers lui.)* Fais attention. Ouvre ce tiroir, et je te jure que je sors dans la rue et que je me mets à hurler : « Au secours ! l'employé est en train de dévaliser la boutique ! »

VAL

Lady ?

LADY, *farouchement.*

Hein ?

VAL

Rien, tu as...

LADY

Quoi ?

VAL

Tu as perdu la tête. Je partirai sans être payé.

LADY

Tu ne m'as pas comprise ! Avec ou sans salaire, tu restes ici !

VAL

J'ai fait ma valise.

(Il ramasse sa valise. Elle se précipite pour s'emparer de sa guitare.)

LADY

Alors, je monte chercher la mienne ! Et j'emporte ça avec moi, simplement pour être sûre que tu attendras...

(Ensemble :)

VAL, *s'avançant vers elle.*

Lady, qu'est-ce que tu... ?

LADY, *suppliante, avec la guitare levée.*

Non !

VAL

... fais avec...

LADY

Non !

VAL

... ma guitare ?

LADY

Je la garde en gage pendant que je...

VAL

Lady, depuis ce matin tu agis comme une folle !

LADY

Bien avant, bien avant ce matin ! J'emporte le « compagnon de ta vie » pendant que je fais ma valise ! Oui ! Je vais faire ma valise et m'en aller, si tu t'en vas, là où tu vas !... Tu ne le croyais pas, n'est-ce pas ? A ton avis, qu'est-ce que j'allais faire ? Qu'est-ce que je pouvais faire, à ton avis ? Rester ici, dans ce magasin plein de caisses et de bouteilles, pendant que tu t'en vas au loin, très vite et très loin, sans même me laisser d'adresse ?

VAL

Je te donnerai une adresse où on fera suivre.

LADY

Merci, oh ! merci ! Et j'emporterai ton adresse « faire suivre » derrière ce rideau ? Oh ! chère adresse « faire suivre », prends-moi dans tes bras, embrasse-moi, sois fidèle ! *(Elle pousse un cri grotesque ; elle appuie son poing contre sa bouche. Il avance avec précaution, la main tendue vers la guitare. Elle se dégage, se mordant les lèvres, les yeux flamboyants. Job frappe à l'étage au-dessus.)* Ne bouge pas ! Tu veux que je la fracasse ?

VAL

Il... t'appelle...

LADY

Je sais ! La mort frappe et m'appelle ! Tu crois que je ne l'entends pas : toc, toc, toc ? C'est un bruit qui dit bien ce qu'il veut dire : des os cognant des os... Demande-moi l'effet que ça fait d'être accouplée avec la mort, là-haut, et je te le dirai. Tout mon corps se révoltait quand il me touchait. Mais j'ai tout enduré. Mon cœur savait que quelqu'un viendrait me tirer de cet enfer ! Tu l'as fait, tu es venu. Et maintenant, regarde-moi : je suis vivante ! De nouveau vivante... *(Elle a un sanglot convulsif, puis elle reprend calmement et durement.)* Maintenant, écoute : tout ce qu'il y a dans cette boutique pourrie est à toi... tout ce que la Mort a amassé ici ! Mais il faut que la Mort meure avant que nous puissions partir ! Tu t'es bien mis ça dans la tête ? Alors, va mettre ta veste blanche ! Ce soir, c'est le gala d'ouverture... *(Elle se précipite dans le bar.)*... du bar de la Maison Torrance... *(Val attrape le bras de Lady qui tient la guitare. Elle se dégage violemment.)* Fracasse-moi contre un rocher et je fracasserai ta guitare ! Oui, je le ferai, si tu...

(Pas rapides dans l'escalier.
Val se retire dans le réduit.
Lady va tisonner dans le poêle.
Mlle Porte descend l'escalier.)

L'INFIRMIÈRE, *avec précaution.*

Vous avez été longtemps absente.

LADY

Oui, j'ai eu des tas de...

(Sa voix s'éteint, faute de souffle. Elle regarde farouchement le dur visage de l'infirmière.)

L'INFIRMIÈRE

Des tas de quoi ?

LADY

Des tas de choses à... à arranger...

(Elle respire profondément et crispe son poing sur sa poitrine.)

L'INFIRMIÈRE

Est-ce que vous n'étiez pas en train de crier après quelqu'un, il y a deux secondes ?

LADY

Un touriste saoul qui faisait des histoires parce que je ne voulais pas lui vendre de l'alcool...

L'INFIRMIÈRE

Oh ! *(Allant au portemanteau.)* M. Torrance dort, il est sous l'effet de la morphine.

LADY

C'est très bien.

L'INFIRMIÈRE, *en mettant son manteau.*

Je lui ai fait une piqûre sous-cutanée à cinq heures.

LADY

Est-ce que toute cette morphine n'affaiblit pas le cœur, mademoiselle Porte ?

L'INFIRMIÈRE

Oui, peu à peu.

LADY

Combien de temps est-ce qu'ils tiennent le coup avant de s'en aller ?

L'INFIRMIÈRE

Cela varie avec l'âge du malade et l'état du cœur. Pourquoi ?

LADY

Mademoiselle Porte, est-ce que parfois on ne fait pas quelque chose pour les aider ?

L'INFIRMIÈRE

Qu'est-ce que vous voulez dire, madame Torrance ?

LADY

Pour abréger leurs souffrances...

L'INFIRMIÈRE

Oh ! je comprends... *(Elle ferme sèchement son sac.)* Je comprends ce que vous voulez dire, madame Torrance. Mais tuer est toujours tuer, quelles que soient les circonstances.

LADY

Personne ne parle de tuer.

L'INFIRMIÈRE

Vous avez dit « abréger leurs souffrances ».

LADY

Oui, comme les gens charitables abrègent les souffrances d'un animal quand il...

L'INFIRMIÈRE

Un être humain n'est pas un animal, madame Torrance. Et je ne suis pas du tout d'accord avec ce qu'on appelle l'euthanasie.

LADY, *l'interrompant.*

Ne faites pas de sermon, mademoiselle Porte !

L'INFIRMIÈRE, *même jeu.*

Je ne vous fais pas de sermon. Si vous cherchez quelqu'un pour abréger la vie de votre mari...

LADY, *elle bondit.*

Quoi ? Qu'est-ce que vous dites !

L'INFIRMIÈRE

Je serai de retour à dix heures et demie, madame.

LADY

Non !

L'INFIRMIÈRE

Comment ?

LADY, *allant à la porte.*

Ne revenez pas à dix heures et demie, ne revenez pas...

L'INFIRMIÈRE

Ce sont les docteurs des malades dont je m'occupe qui me congédient...

LADY, *elle ouvre la porte du magasin.*

Cette fois-ci, vous êtes congédiée par la femme du malade.

L'INFIRMIÈRE

Il faudra parler de ça au Dr Buchanan.

LADY

Je lui téléphonerai moi-même à ce sujet. Je ne vous aime pas. Je ne crois pas que vous soyez à votre place dans le métier d'infirmière. Vous avez les yeux froids. Vous aimez regarder la douleur !

L'INFIRMIÈRE

Je sais pourquoi vous n'aimez pas mes yeux. *(Elle ferme sèchement son sac.)* Vous n'aimez pas mes yeux parce que vous savez qu'ils y voient clair.

LADY

Pourquoi me regardez-vous fixement ?

L'INFIRMIÈRE

Je ne vous regarde pas, je regarde la tenture. Il y a quelque chose qui brûle là-dedans, de la fumée qui sort !

(Elle se dirige vers le réduit.)

LADY

Pas de ça !

(Elle l'attrape par le bras.)

(L'infirmière repousse Lady. Val ouvre la tenture et se tient froidement devant l'infirmière.)

L'INFIRMIÈRE

Oh ! Je vous demande pardon. *(Elle se retourne vers Lady.)* Vendredi matin, quand j'ai été appelée pour m'occuper de ce cas, il m'a suffi de vous regarder pour savoir que vous étiez enceinte. Et il m'a suffi de regarder votre mari pour savoir que ce n'était pas de lui.

(Elle va dignement vers la porte.)

LADY, *criant soudain.*

Merci ! Merci de me dire ce que j'espère être vrai !

L'INFIRMIÈRE

Vous ne semblez même pas avoir honte.

LADY, *exaltée.*

Non. Je n'ai pas honte. Je suis heureuse !

L'INFIRMIÈRE, *venimeuse.*

Pourquoi ne payez-vous pas la musique et le clown pour annoncer la bonne nouvelle ?

LADY

Faites-le vous-même, ça me coûtera moins cher ! Annoncez la nouvelle dans tout le pays !

(L'infirmière sort.)

VAL, *interdit.*

C'est vrai ce qu'elle vient de dire ? *(Lady le regarde d'abord comme étourdie. Puis peu à peu émerveillée.*

Val, dans un murmure rauque :) C'est vrai, ou ce n'est pas vrai, ce que cette femme vient de dire ?

LADY

Tu as l'air d'un petit garçon effrayé.

VAL

Elle va le raconter à tout le monde...

LADY

Je l'espère bien... Maintenant, il faut que tu t'en ailles... C'est dangereux pour toi de rester ici... Prends ton salaire dans la caisse, prends les clés de ma voiture, traverse le fleuve et va-t'en... Tu as fait ce pour quoi tu étais venu ici...

VAL

Alors, c'est vrai ?

LADY

C'est vrai comme la parole de Dieu ! Je porte la vie dans mon corps ! Tu m'as donné la vie, tu peux partir !

(Il s'assied gravement devant elle, prend ses doigts noués, les porte à ses lèvres, soufflant dessus comme pour les réchauffer. Elle est toute droite, tendue, en extase comme une voyante.)

VAL

Pourquoi ne me l'as-tu pas dit ?

LADY

Quand une femme a été stérile aussi longtemps que j'ai été stérile, il lui est difficile de croire qu'elle est encore capable d'avoir un enfant. Il y avait un petit figuier près de la maison de mon père... Il ne portait jamais de fruits, on disait qu'il était stérile, et il avait presque commencé... à mourir... Et puis, un jour, j'ai découvert une petite figue verte sur l'arbre dont on disait qu'il ne porterait jamais de fruits. *(Elle serre dans sa main un mirliton de papier doré.)* J'ai couru à travers le verger en criant : « Il va porter des fruits, le figuier va porter des fruits ! » C'était merveilleux, après ces dix printemps stériles, que le petit figuier porte des fruits. Alors j'ai ouvert la boîte où on mettait les ornements de l'arbre de Noël... et je les ai accrochés sur le petit figuier, je l'ai décoré avec les cloches, les oiseaux de verre, les glaçons d'argent et les étoiles, parce qu'il avait gagné la bataille et qu'il allait porter des fruits ! *(Elle se lève, extatique.)* Ouvre la boîte ! Ouvre la boîte, et mets-les sur moi, les cloches de verre et les oiseaux de verre et les étoiles et les paillettes et la neige ! J'ai gagné... j'ai gagné... j'ai gagné... *(Dans une sorte de délire, elle s'élance vers l'escalier. Val essaie de l'arrêter. Elle se dégage et monte précipitamment jusqu'au palier en criant :)* J'ai gagné, j'ai gagné, monsieur la Mort, je vais avoir un enfant !

VAL

Lady, Lady !

(Soudain elle pousse un cri, se retourne et redescend en hésitant, comme une aveugle, la main tendue vers Val, tandis qu'on entend des pas pesants et une respiration rauque. Elle gémit...)

LADY

Oh ! mon Dieu, Oh ! mon Dieu... Qu'est-ce que j'ai fait ?

(Job apparaît sur le palier, son revolver à la main. Il porte une robe de chambre pourpre et sale qui pend vaguement sur sa carcasse ravagée. Il est l'image même de la mort et du mal quand il se penche pour découvrir sa proie dans la pénombre du magasin.)

JOB

Salope !... Saloperie... Charognards ! Charognards !

(Se cramponnant au faux palmier, il tire dans le magasin. Lady crie et se précipite pour protéger Val immobile. Job descend quelques marches en titubant et tire encore, et la balle atteint Lady. Elle expulse son souffle en poussant un grand « Ha ! ». Il tire encore ; le grand « Ha ! » est répété. Elle se retourne pour faire face à Job et toujours en protégeant Val de son corps. Sur son visage, on lit toutes les passions et les secrets de la vie et de la mort ; ses yeux farouches, qui continuent à défier Job, étincellent. Mais le revolver est vide. On entend son cliquetis impuissant et Job le jette dans la direction des amants.)

JOB

Je le ferai tuer ! J'ai brûlé ton père et lui, je le ferai tuer ! *(Il ouvre la petite fenêtre en criant de sa voix rauque :)* Au secours... L'employé a tiré sur ma femme, l'employé dévalise le magasin, il a...

(Il ne finit pas sa phrase et tombe foudroyé. Une clameur monte à l'extérieur.)

LADY, *qui s'affaisse lentement.*

Verrouille la porte !

(Val se précipite pour verrouiller la porte vitrée.)

VAL

Est-ce que... tu as mal ?

(Il revient avec la terreur d'un animal pris en chasse.)

LADY, *elle est à genoux.*

Va-t'en ! Vite ! Par le garage ! Vite... ! *(Elle montre la porte à gauche. La foule arrive à la porte principale et commence à l'enfoncer. Lady baisse un peu la tête et dit :)* Le spectacle est terminé, le singe est mort...

Puis elle s'étend sur le sol et meurt. Les coups rythmés contre la porte deviennent assourdissants. Val se penche sur Lady un instant. Tom entre par la droite. Val hésite une seconde, puis se précipite vers la porte du garage, mais Louis est derrière. La porte du magasin cède. Les hommes entrent et l'obscurité est pleine de voix rauques et criardes. Ils saisissent Val et l'emmènent dans la rue. Après leur sortie précipitée, il y a une explosion de voix au-dehors. Puis on entend les aboiements des chiens du bagne lancés dans une poursuite. Deux hommes sont restés dans la boutique.

LE PREMIER HOMME

Hé, prends une corde !

LE SECOND

On n'a pas besoin de corde pour ce gars. Ils vont lui arracher ses vêtements. Ils vont le faire courir tout nu dans la rue et ils lâcheront après ce fils de putain tous les chiens du bagne... *(Il passe derrière le comptoir.)* Surveille la fenêtre pendant que je vide ce foutu tiroir-caisse.

LE PREMIER HOMME

Attention ! Il y a quelqu'un !

LE SECOND, *raflant la caisse.*

Foutons le camp !

(Ils sortent par le bar. Dans la rue vide, Carol paraît, tandis que les aboiements croissent en férocité.)

CAROL, *crie.*

Cours ! Cours ! Cours !

(Elle se plie en deux, partageant l'agonie du fugitif, tandis que le bruit de la poursuite atteint son maximum. Deux coups de feu, puis un grand silence. La porte invisible du bar s'ouvre, faisant tinter le carillon. Le magicien paraît, avec les vêtements déchirés du fugitif. Il élève la veste en peau de serpent avec un rapide marmottement d'excitation de sa bouche édentée.)

CAROL, *allant lentement à lui.*

Qu'est-ce que tu as là, grand-père ? Oh ! Sa veste en peau de serpent ! Je te l'échange contre un anneau d'or. C'est à moi qu'elle doit revenir. *(L'échange s'opère en une cérémonie simple, puis le nègre s'accroupit et examine l'anneau.)* Les choses sauvages laissent leur peau derrière elles ; elles laissent des peaux propres et des dents et des os blanchis, et ce sont des indices qu'elles se passent de l'une à l'autre, de sorte que l'espèce des fugitifs peut toujours suivre sa propre piste...

(Le shérif apparaît à la porte vitrée. Il s'y tient immobile.)

LE SHÉRIF

Que personne ne bouge ! Ne bougez pas ! *(Carol se met en marche, comme si elle ne le voyait plus, et disparaît dans le bar à droite. Le shérif sans bouger, d'une voix étouffée :)* Restez ici ! *(On entend Carol rire à l'extérieur.)* Arrêtez ! Arrêtez !

Le rire de Carol s'éloigne... Le shérif s'efface dans l'ombre. Silence. Le nègre lève la tête, et regarde avec un sourire secret tandis que lentement tombe le RIDEAU

TABLE DES MATIÈRES

Impression réalisée sur Presse Offset par

BRODARD & TAUPIN

GROUPE CPI

La Flèche (Sarthe), 27847
N° d'édition : 2496
Dépôt légal : février 1995
Nouveau tirage : janvier 2005

Imprimé en France